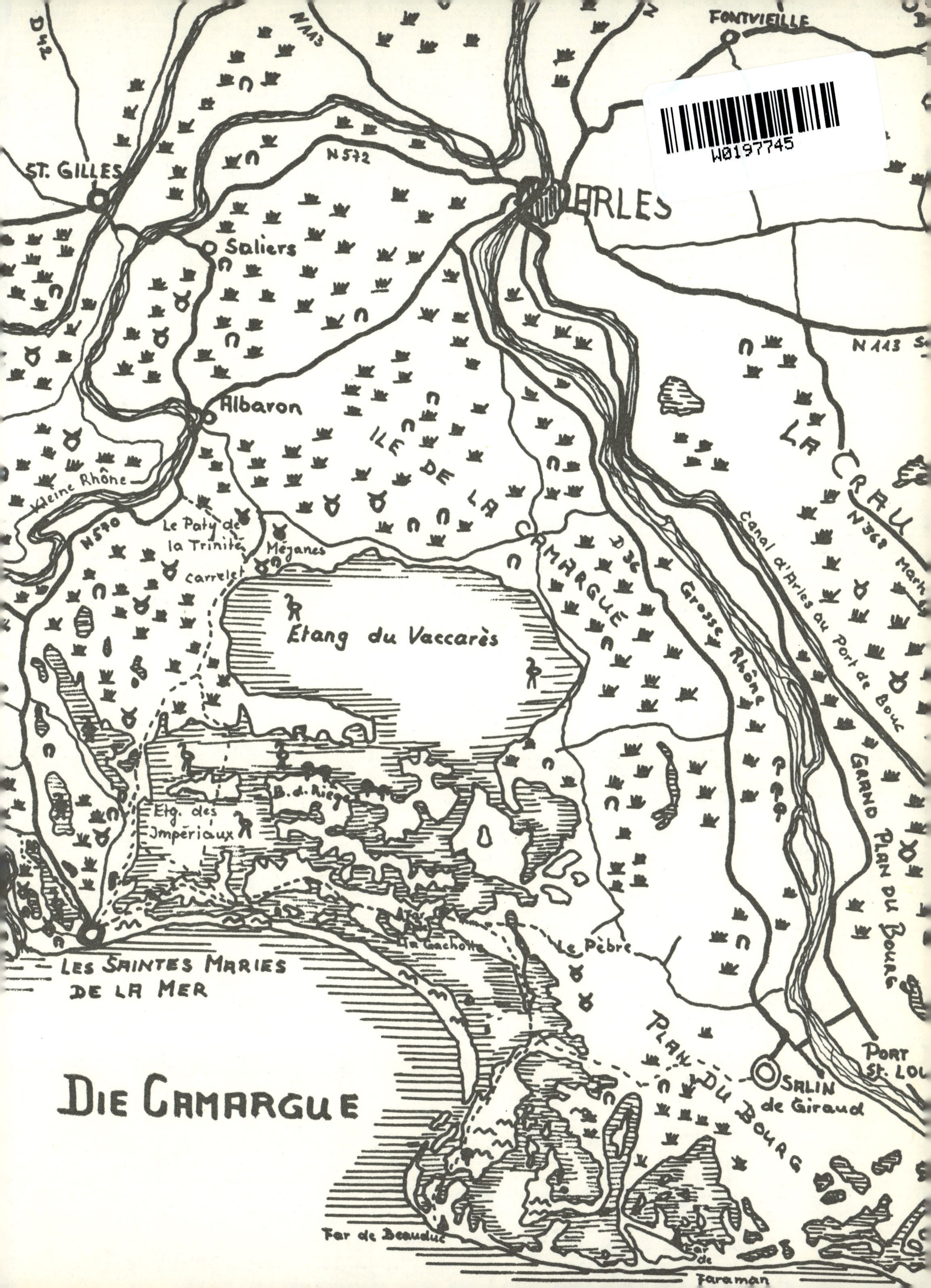
FONTVIEILLE
D42
ST. GILLES
N572
ARLES
Saliers
Albaron
ILE DE LA CAMARGUE
LA CRAU
N113
Kleine Rhône
N570
Le Paty de la Trinité
Méjanes
carrelet
Etang du Vaccarès
D36
Grosser Rhône
Canal d'Arles au Port de Bouc
GRAND PLAN DU BOURG
B. d. Riège
Etg. des Impériaux
La Gacholle
Le Pèbre
LES SAINTES MARIES DE LA MER
PLAN DU BOURG
SALIN de Giraud
DIE CAMARGUE
Far de Beauduc
Far de Faraman

Sadko Solinski
Reiter der Camargue

Sadko Solinski

Reiter der Camargue

Fotos: Hans W. Silvester

Verlag Paul Parey

Umschlagbild: Hans W. Silvester
Einbandgestaltung: Jochen Goks, Berlin

Gesetzt in der Baskerville im IBM-Magnetband-Composer-System (Verlag Paul Parey)
Printed in Germany by Saladruck, Steinkopf & Sohn, Berlin 36
Buchbinder: Lüderitz & Bauer, Berlin 61

ISBN 3 489 77032 3

Vorwort

Dutzende von Büchern, Filmen und Artikelserien wurden bereits über die Camargue und ihre Pferde und Stiere veröffentlicht. Sie lassen sich „en gros" in zwei Gruppen einordnen: in Werke von authentischen Camargue-Bewohnern, die durch den Reichtum an Detailkenntnissen bestechen, und in Werke von Außenstehenden, die als glänzend geschriebene Reportagen oft an der Oberfläche hängenbleiben. Fehlt den ersteren hin und wieder die Erklärung des Wie und Warum der alltäglichen Gesten des Gardians, so dringen die letzteren kaum je in die spezifische Atmosphäre ein, die das uralte Zusammenwirken von Reiter und Pferd bei der Arbeit mit den Stieren zu einem Teil dessen gemacht hat, was man heute „die Camargue" nennt.

Mit der Arbeit an diesem Buch habe ich mir die Aufgabe gestellt, einmal das „Innen" und „Außen" des Lebens im Rhônedelta gleichermaßen zu Wort kommen zu lassen. Ob oder wie ich sie gelöst habe, bleibt dem Leser zu beurteilen überlassen. Jedenfalls hätte ich mich kaum an sie herangewagt ohne den dokumentarischen und moralischen Beistand meines ersten Lehrmeisters in der Camargue: Jan Bounias. Ihm und meinen anderen ehemaligen „Patrons": Fernand Féraud, Pierre Sorel, Henri Laurent und den vielen Manadiers und Gardians, von denen ich mit das Handwerk gelernt habe, jenen der Familien Jalabert und Thibaut, Albert Espelly, Justin Bonafus, Jean-Louis Weick, Jean Sol, Pierre Fontaine und allen anderen sei hiermit mein herzlichster Dank ausgedrückt.

F 84 R Robion, im Januar 1972 — Sadko Solinski

Zum Geleit

Wir sind glücklich, hiermit das Erscheinen eines Buches über das Camargue-Pferd und seine Verwendung begrüßen zu können, das in Wirklichkeit ein Dokument darstellt. Sein Verfasser hat viele Jahre lang unter uns, inmitten unserer Herden das manchmal etwas rüde Leben der Gardians und Manadiers (Züchter) geteilt und verfügt fraglos über einen sehr tiefen Einblick in das Thema. Sein Sinn für die Zusammenhänge ließ ihn zahlreiche alte und neuere Dokumente studieren, und seine Erfahrung und Liebe taten das Ihrige; denn wir glauben behaupten zu dürfen, unsere Camargue habe ihn restlos erobert.
Uns bleibt somit nur noch zu wünschen übrig, dieses Buch möge unseren Pferden auch im deutschen Sprachgebiet neue Freunde gewinnen und ein möglichst breites Publikum von Pferdeliebhabern und Camargue-Besuchern dahinführen, hinter der heute oft künstlichen Fassade die Wirklichkeit unseres Deltas zu sehen und zwischen echten und falschen Camargue-Pferden zu unterscheiden, wofür sich unser Züchter-Verband seit Jahren einsetzt.

J. & Y. Bounias
Züchter von Camargue-Pferden
Union Nationale Interprofessionelle du Cheval
F 13 Saint Etienne du Grès

Inhalt

Die Camargue

Geographie und Geschichte

Wer oder was der Camargue, dem Rhônedelta im tiefen Süden Frankreichs zwischen den Alpilles, den Costière du Gard und dem Mittelmeer, ihren Namen gegeben hat, ist noch immer umstritten. Jean de Vallières schreibt in seinem Buch *Le Chevalier de la Camargue* (Editions André Bonne, Paris 1956), das Wort "Camargue" gehe auf den römischen Gerichtsbeamten Annius Camars zurück, der in Arles gewohnt und im Delta Pferde gezüchtet habe. D'Elly, die Autorität auf dem Gebiet der Gardian-Tradition, bietet in seinem Standardwerk *La Camargue Gardiane* (Editions Michel Delaveau, Paris 1938) gleich drei mögliche Ursprünge des Namens an:

1. das kelto-ligurische Wort "Cam-Ar", das "mit Wasser bedecktes Feld" bedeutet;
2. die Bezeichnung "Cara-Marca" (nach M. Lautier), was "Geliebte Grenze" (des Arlesierlandes) heißt;
3. die, wie die zweite, aus der "Langue d'oc" stammende Benennung "n'a cap marca", was "hat keine Grenze" besagt.

Tatsächlich ist der erste Eindruck, den die Camargue dem Fremden vermittelt, der einer nahezu schmerzhaften Grenzenlosigkeit. Ist die Rhônebrücke bei Arles überschritten, so bietet kein Berg, kein Hügel, nichts mehr dem Auge Halt. Und je weiter man der einzigen Straße nach Süden folgt, um so kahler, steppenartiger, einsamer breitet sich das Land.

Die Camargue setzt sich aus drei Teilgebieten zusammen. Im Westen der Kleinen Rhône erstrecken sich Sümpfe, Tamariskendschungel, Piniengehölze und Kampfstierweiden dem Meer entlang bis nach Aigues-Mortes, im Nordwesten über Vauvert bis nach Arles und umfassen so, als "Kleine Camargue", 50 000 ha Land und Wasser. – Die eigentliche Camargue ist eine Insel zwischen der "Kleinen Rhône" im Westen und der "Großen Rhône" im Osten, die sich bei Arles getrennt haben, und dehnt sich über 75 000 ha Fläche aus. Ungefähr 35 000 ha davon sind bebautes Land. Sie liegen im Norden, in der Spitze des Inseldreiecks, und den beiden Stromarmen entlang. 16 000 ha nehmen die Etangs (Salzseen) und die Sümpfe ein, davon der Etang du Vaccarès, das Herz der Camargue, allein 6 800 ha. Das restliche Land – rund 24 000 ha – besteht aus Salzsteppen, das heißt aus im Winter überschwemmten nahezu kahlen Wüsten aus Strand und der Sansouiro, aus dem kargen, mit Salzpflanzen dünn besiedelten Weideland der Kampfstier- und halbwilden Pferdeherden. – Das dritte Teilgebiet ist die "Crau". Sie liegt östlich der "Großen Rhône" und umfaßt rund 20 000 ha teils steppenartigen Weidelands (Plan-de-Bourg), teils mit mageren Büschen bewachsener Geröllwüste, in der nur Schafe und Ziegen ihr Auskommen finden.

Die Camargue verdankt ihr Dasein und ihre Beschaffenheit vornehmlich der Rhône, der Durance und dem Meer. Aus dem schweizer Gotthard-Massiv und den Alpen Hochsavoyens spülen und schleppen die Ströme seit undenklichen Zeiten Geröll, Geschiebe und Humus nach Süden. Auf der Höhe der Stadt Avignon mündet die Durance in die Rhône, welche sich darauf bei Arles in zwei – früher in insgesamt sieben Arme – verzweigt, um ihre Gaben über ein Dreieck von beinahe einhundert Kilometer Basislänge zu verteilen. – Bohrungen haben ergeben, daß sich der Camargue-Boden wie folgt zusammensetzt: Bis in eine Tiefe von rund fünfzig Metern lagerte sich eine Geröllschicht von zwanzig Metern Dicke ab. Darüber schüttete der Strom zwanzig bis fünfundzwanzig Meter kompaktes Schwemmgut. Die oberste, letzte Schicht besteht vor allem aus vier bis fünf Metern feinem, teils grauem, teils rötlichem Schwemmgut, Lehm und Sand. Den fetten Humus, der im Norden der Insel schon früh zu intensiver Bodenbearbeitung führte, versetzte das Meer im Süden jeden Winter erneut mit Salz, verbrannte so, was keimen wollte, sterilisierte die gesamte Dreiecksbasis weit über den Strandstreifen hinaus. Im Frühling wusch darauf die Rhône, dank der Hochwasser aus der Schneeschmelze in den Alpen, das Delta vom Salz wieder rein, und während fünf, sechs Monaten entwickelte sich eine dichte, wenn auch kurzlebige Vegetation – zum Segen der silberweißen Pferde und der blauschwarzen Stiere, die sich aus der Urzeit hierher geflüchtet hatten.

Die Bibliothek von Arles besitzt drei Camargue-Karten aus den Jahren 1594 (Jan Bompar), 1635 (Manuskript 151) und 1647 (Volcamp), die sehr aufschlußreich sind. Ihnen zufolge lag das heute südlichste Dorf der Camargue, Les-Saintes-Maries-de-la-Mer, damals noch "Les Trois Maries" genannt, nicht am Meer, sondern etliche Kilometer im Landesinneren auf der "Insel der Heiligen Marien". Diese Insel begrenzte im Westen die Kleine Rhône und im Osten ein Rhônearm, der – beim heutigen Sylvéréal aus der Kleinen Rhône ausgeschert – ziemlich genau in Nord-Süd-Richtung verlief und bei der heutigen Pumpstation von Saintes Maries ins Meer gemündet haben muß. Übrig geblieben ist von ihm nur der "Etang des Launes", der Salzsee im Osten des Dorfes. – Auf der Karte von 1594 stellt indessen der Vaccarès, der zentrale riesige Salzsee, bloß eine birnenförmige Erweiterung des ehemaligen dritten Hauptarmes der Rhône dar, der von Trinquetaille aus nach Süden führte. Hieraus geht eindeutig hervor, daß die Camargue damals noch weit gründlicher drainiert, entwässert, wurde, als später nach den verschiedenen Dammbauten. – Auf der Karte aus dem Jahr 1635 bildet der zentrale, dritte Stromarm nurmehr eine Perlenkette aus kleinen Salzseen, Sümpfen und dem nun bereits ansehnlichen Etang du Vaccarès. 1647 hat sich die "Insel der Heiligen Marien" mit dem Festland verbunden, das heißt mit dem Boden der eigentlichen Camargue, wenn auch der Stromarm von Sylvéréal, ebenfalls als eine Reihe Etangs und Sümpfe, noch deutlich zu erkennen ist. Der "Bois de Riège", heute ein allmählich versinkendes Insel-Archipel vor dem Südufer im Vaccarès, nahm 1647 offenbar noch beinahe die Hälfte des Salzsees ein. – Drei Schlüsse lassen sich aus diesen Landschaftsveränderungen ziehen:

1. Wohl seit jeher haben die Meeresströmungen das Geschiebe der Großen Rhône rings um deren Mündung festgehalten und teilweise sogar aufgestockt, während die Wogen das Land an der Mündung der Kleinen Rhône unablässig benagten. Noch zu Beginn des 19. Jahrhunderts soll Saintes-Maries-de-la-Mer sechshundert Meter vom Strand entfernt gelegen haben. Heute spritzt die Gischt der Winterstürme manchmal bis in die Hotelzimmer.
2. Etwa die Hälfte aller Rhônearme verstopfte, band sich ab und versumpfte zwischen dem 12. und dem 18. Jahrhundert, teils mit der Hilfe, teils gegen den Willen der Camargue-Bewohner. So mußten die Zisterzienser-Mönche ihre, einst von der "Rhône von Ulmet" umspülte, gleichnamige Abtei im 13. Jahrhundert mangels Süßwassers verlassen.
3. Weite Gebiete der Insel – so der Vaccarès und der Boden rings um die Mündung der Kleinen Rhône – sinken seit langem stetig ab, und seit Generationen unkt man in der Camargue, die südliche Inselhälfte müsse wohl in absehbarer Zeit geräumt und ganz dem Meer überlassen werden – was in der Tat nicht auszuschließen ist.

Die Gezeiten der Herrschaft des Stromes und der Fruchtbarkeit im Wechsel mit der Herrschaft des Meeres und des allesverbrennenden Salzes nährten dennoch und behüteten das Gros der Camargue-Bewohner – Mensch und Tier – vor Eindringlingen und Neidern bis ins Jahr 1711. Danach begann die Verwaltung der Provinz, die beiden stärksten Rhônearme – die Kleine Rhône und die Große Rhône – einzudämmen und die übrigen fünf endgültig abzuschnüren. Zwar gewann man dem Norden der Insel dadurch ganzjährig bebaubares Ackerland hinzu. Im Süden indessen wusch die Rhône darauf nie mehr die Etangs und Salzfelder rein. Jeden Winter warfen die Südstürme nun mehr salzige Wogen immer weiter und immer tiefer ins Land. Die Tiefcamargue versteppte, verbrannte, versumpfte und bot schließlich nur noch einigen Salzpflanzen ein äußerst karges Dasein.

Heute unterscheidet man – geologisch und botanisch – zwischen der Hochcamargue im Norden (bis vier Meter über dem Meeresspiegel) und der Tiefcamargue im Süden (bis zwei Meter unter dem Meeresspiegel) und zwischen vier Arten verschiedener Böden:

1. Süße Ackererde, auf der im Norden, auf dem grünen Inselteil, Gemüsegärten, Obstplantagen, Felder mit Reben, Korn, Luzerne und Reis ihre Fruchtbarkeit den Süßwasserkanälen, dem von der Rhône herbeigeschleppten Humus und dem Kunstdünger verdanken;
2. Hohe Böden im Süden (bis + 2 Meter), auf denen im Frühsommer kurzes Steppengras, Dünen- und Hartgräser sprießen;
3. Tiefe Böden (um Meereshöhe und unter dem Meeresspiegel), welche das

Salz, als ein flimmernder weißer Panzer, versiegelt und auf denen nur "Enganen", Saladelles, spitzes Hartgras und – an in der Tiefe salzärmeren Stellen – Schilf und Tamarisken wachsen;

4. Sanddünen, die auch im Winter als Inseln aus dem Wasser ragen und durch hohes Dünengras, weiße Lilien, Tamarisken, da und dort Schirmpinien, Rosmarinbüsche, Ginster und Geißblatt und den punischen Wacholder gekrönt werden.

Die Tiefcamargue erhielt ihren besonderen, beinahe beklemmenden Reiz eigentlich durch die Versteppung. Erst durch das regelmäßige Austrocknen der Salzseen und durch das auf der Kapillarwirkung beruhende Hochkommen des Salzschlicks bildeten sich jene Fließsandstellen, in denen Menschen und Tiere innerhalb einer Stunde spurlos verschwinden können. Erst durch die vom Salz geschaffene Vegetationslosigkeit an und in den Kanälen wurde jede Durchquerung einer Roubine (eines Grabens mit oder ohne stehendem Wasser) zu einem Abenteuer, bei dem man Pferd und Leben riskiert. Erst der mehlfeine Salzstaub und die allgegenwärtige Feuchtigkeit machten die tiefen Böden zu jenen flimmernden, die Augen beizenden Flächen, deren Krusten heute Pferd und Reiter tragen und morgen bereits unter dem Gewicht eines Hasen einbrechen und den grundlosen Brei freigeben, der einsaugt, was in seinen Bereich gerät. Erst die Schattenlosigkeit der weißen Sandstrände und der silbernen Steppen ermöglichte schließlich das Auftreten der Fata Morganas, der Luftspiegelungen, die schon manchen Gardian (Kampfstierhirten) oder Wilderer in die Irre geführt haben. –

Vor Jahren baten mich im Juni einmal zwei Damen – erprobte Reiterinnen, die ich seit langem kannte –, ihnen die Camargue so zu zeigen, wie man sie weder zu Fuß, noch im Landrover erleben kann. Die ältere der beiden war mit einem Gutsbesitzer jenseits der Großen Rhône in der Crau befreundet und schlug vor, ihn zu Pferd zu besuchen, auf seinem Hof zu übernachten und am nächsten Morgen auf einem anderen Weg zurückzureiten. In den Stierherden war damals gerade nicht viel zu tun, so daß mich mein Patron beurlauben und ich den Damen durchaus als Führer dienen konnte.

Wir brachen um fünf Uhr früh in Saintes-Maries-de-la-Mer auf: Madame F. ritt einen spanischen Eisenschimmel, Mademoiselle O. einen kräftigen Dunkelfuchs aus der Crau, ich den "Dur", mein Stierpferd, einen kleinen ausdauernden Schimmel von reinem Camargue-Blut. Am östlichen Dorfausgang schwenkten wir auf den Strand ein, gedachte ich doch, dem dreißig Kilometer entfernten Leuchtturm von Beauduc zuzustreben, dort kurz auszuruhen, um noch vor Mittag quer durch die Wüste von Faraman nach Salin de Giraud und zur Rhônefähre zu gelangen. Das Mas (Gehöft), unser Tagesziel, lag angeblich nur zwei Reitstunden von der Fähre entfernt.

Obwohl die Sonne erst zwei Handbreit hoch über dem Horizont stand, mußten wir beinahe sogleich unsere Windjacken ausziehen und an den Sätteln festschnallen: der Tag versprach windlose Hitze. – Gegen halb zehn Uhr erreichten wir die drei Pinien auf der flachen Düne, dem Leuchtturm von Beauduc gegenüber. Wir hielten an, saßen ab, tranken ein paar Schlucke aus den ledernen Feldflaschen. Es war nun stickig heiß. Kein Lüftchen wehte vom Meer her. Über uns, in den Pinienkronen, zirpten mutlos einige Zikaden. Da kam Madame F. auf den Gedanken, sich kurz im Meer abzukühlen. Sie und das Fräulein hatten Badeanzüge mitgebracht und zogen sich nun hinter einer Nachbardüne um. Endlich schlüpften sie in die Stiefel, da der Sand bereits glühte und stapften davon, dem nur dreihundert Meter entfernten Ufer zu.

Ich sattelte inzwischen die Pferde nach, rollte mir eine Zigarette, legte mich schließlich in den Schatten der mächtigsten Pinie und schlief kurz darauf ein. – Als ich erwachte, war es halb ein Uhr, mein Magen knurrte und wir hätten uns längst mitten in der Wüste von Faraman befinden müssen. Ich sprang auf. Wo steckten nur die Damen? Ich kletterte auf die höchste Nachbardüne, blickte zum Meeresufer hinüber: nichts! Zwischen dem Leuchtturm und meinem Standort flimmerte die Weißglut des Sandes so stark, daß ich selbst einen Elephanten nur als einen langen, schmalen grauen Fleck hätte ausmachen können. Im Süden und Osten reihten sich die Dünenkuppen Dromedarhöckern gleich. Im Norden gewahrte ich kurz ein Gehöft, mitten in einem Tamariskendickicht, dann war da plötzlich wieder nur vergilbtes Dünengras... Und nun tauchte das Mas im Nordosten wieder auf, stand tatsächlich auf dem Kopf: mir tropfte kalter Schweiß aus den Achselhöhlen. Hielten mich hier auf der Düne schon Luftspiegelungen zum Narren, was mußte sich da erst den Damen unten zwischen den Lagunen mitten in der Glut vorgaukeln? ! – Ich lief zu den Pinien zurück, überprüfte die Knoten, mit denen die Pferde an den Bäumen festgebunden waren, löste den meines Schimmels, schwang mich in den Sattel und trabte hinaus auf den Strand, mitten in das hellodernde Flimmern. Endlich vernahm ich das Klappen und Scheuern der Wellen am Ufersand geradeaus vor mir. Suchte ich jedoch das Meer mit den Augen auszumachen, so löste sich der Strand in Flattern auf. Links indessen, nur dreißig, vierzig Meter weiter im Süden, schien das Meer den Strand überflutet zu haben. Von daher aber drang kein Laut herüber. Ich beschloß, weiter geradeaus zu reiten, obgleich das irgendwie abwegig schien. Ich spähte erneut nach Süden, um mich am Leuchtturm leichter zu orientieren. Doch da war kein Leuchtturm mehr. Da breitete sich das Meer blau, glitzernd; sonst nichts. Ich wandte mich weiter um, nach Osten, wie ich glaubte, und gewahrte schließlich den Leuchtturm, der höchstens zwei Kilometer entfernt stehen konnte, wohl zehn oder fünfzehn Kilometer weit weg. Glücklicherweise stand auch er auf dem Kopf, sonst hätte ich ihn wohl für den von Faraman gehalten und mich nach ihm orientiert.

Ich erreichte das Meer. Lange suchte ich den Strand nach frischen Stiefelspuren ab: vergeblich. Ich ritt einen halben Kilometer weit dem Ufer entlang nach Süden und Südwesten: nichts! Ich trabte einen Kilometer weit nach Norden zurück: nichts! Ich suchte das Pinienwäldchen auszumachen, zu dem die Damen inzwischen vielleicht zurückgefunden hatten – es flimmerte meilenweit entfernt aus der Richtung, in der ich den Leuchtturm vermutete. Panik begann in meinem Magen zu rumoren: Hatten sich die Damen nicht an mich gewandt, weil ich die Tücken dieses Teils der Camargue kannte? – Tücken! – Ein Gedanke lähmte mich. Gleich hinter dem Pinienwäldchen begann die Dünenwüste von Faraman, und die war berüchtigt für ihre Flugsandlöcher, in denen man noch schneller, als im Fließsand, spurlos versinkt. “Nicht aufregen! Nur nicht verrücktspielen!”, hämmerte ich mir pausenlos ein. Ich ritt dem Meer entlang zurück zu den Hufspuren, die vom Wäldchen herführten. Dann ließ ich Dur peinlich genau diesen, seinen eigenen Hufabdrücken folgen, während ich immer wieder den Namen meiner Schutzbefohlenen nach Südosten brüllte. Zehn Minuten später erhielt ich die erste Antwort aus, wie mir schien, wohl fünfhundert Meter Entfernung. Ich gelangte zu den Pinien und Pferden zurück, erkletterte erneut die hohe Nachbardüne und pfiff alle dreißig Sekunden gellend in die Richtung, aus der die Antwort gekommen war – ohne etwas anderes, als das Meer zu sehen. Plötzlich vernahm ich die Stimme von Mademoiselle O.: “Vor uns liegt das Meer!”

“Nein!”, schrie ich zurück, “achten sie allein auf meine Pfiffe, folgen sie ausschließlich ihrem Gehör!”

Eine Viertelstunde später kamen die Damen im Pinienschatten an: krebsrot verbrannt, Blasen auf den Schultern und Armen, ein Handtuch, in der Mitte durchgerissen, auf den Köpfen festhaltend, die Lippen aufgerissen, und Madame F. lallte immerzu: “Wo ist nur dieses verdammte Meer? ” – An einen Weiterritt war nicht mehr zu denken. Wir warteten den Abend ab und kehrten – die Damen nun vor Fieber schlotternd – ins Dorf, direkt zum Arzt zurück.

Den Ausflug in die Crau machten wir ein Jahr später dennoch, indem wir, statt über den Strand und durch die Wüste, über die Steppe zum “Pèbre” und der Piste entlang weiter nach Salin de Giraud ritten. –

Unter der römischen Besatzung Galliens wurde das Rhônedelta die Kornkammer der Armeen. Noch sind in Arles steinerne Andenken an die Zeit zu sehen, da der römische Statthalter hier die Getreideschätze stapeln ließ. Verschiedene Dokumente aus jener Epoche berichten von einem gewissen Bassus, der in der Camargue Pferde für die Armee und die Wagenrennen der Römer gezüchtet hat. Bei ihm logierte während einiger Wochen der Sohn des Symmaca, der sich in Spanien einen Rennstall zusammengestellt hatte und anscheinend auch in der Camargue Pferde für das Fest aussuchte, das er im Jahre 399 in Rom zu geben versprach.

Flugaufnahme der Tiefcamargue: Salzsteppe mit Stieren und Salzsee (Hintergrund)

Um 720 geriet das heutige Südfrankreich unter die Herrschaft der Mauren. Etwas vom Blut deren arabischer oder Berber-Hengste muß sich – wie wir noch sehen werden – in der Folge mit dem der Camargue-Pferde vermischt haben. – Um 780, unter der Herrschaft Karls des Großen, drangen verschiedene Mönchsgemeinschaften in die Camargue vor, rodeten und entsumpften weite Teile der Insel und bebauten die so gewonnenen Felder angeblich schon mit Reis. Im Jahre 785 lebten einhundertfünfzig Mönche allein in Psalmodi. Andere Kloster-Gehöfte waren "La Trinité" – das dem noch existierenden Weiler an der Straße nach Saintes Maries de la Mer den Namen gab – und die Zisterzienser-Gründung von "Ulmet". Die Tempelritter, deren größtes Gehöft im heutigen Saliers lag, dehnten ihre Besitzungen bis nach Méjanes, bis an die Ufer des Vaccarès aus (siehe Karte).

Aktenkundig wird die Camargue daraufhin erst wieder zur Zeit des Aufenthaltes der Päpste in Avignon (1309–1417). Damals versuchte man, für die hohen Herren im Delta Schimmel mit heller Haut und weißen Hufen zu züchten; Reitpferde, deren Nachkommen auf der Insel heute noch als besonders rasserein gelten und es gewiß auch sind, denke ich an die Qualitäten meines eigenen Stierpferdes, das ebenfalls helle Hautflecken, besonders am Kopf, besaß und hinten weißbehuft war, ohne ein Albino zu sein.

1551 schrieb Quiquéran de Beaujeu, ein Edelmann aus Arles, in seinem Buch *De laudibus Provinciae,* rund viertausend Stuten und sechzehntausend wilde Rinder lebten zurzeit in der Camargue. Diese Zahlen hatte ihm wahrscheinlich die Gardian-Zunft zur Verfügung gestellt. Sie berücksichtigten somit nur die Stuten im Alter, Fohlen zu werfen, was für 1550 auf einen Gesamtbestand von über zehntausend Camargue-Pferden schließen läßt.

Im 17. Jahrhundert versuchte Jean Jaubert de Barrault, der Erzbischof von Arles, einen Überblick über seine Diözese zu gewinnen. Im Jahre 1635 gab er zu diesem Zweck eine Untersuchung über die Lebensbedingungen im Rhônedelta in Auftrag. Das Ergebnis, ein "Procès-Verbal", ist als Manuskript 151 in der Bibliothek in Arles einzusehen. Der Untersuchungsbeamte schrieb damals unter anderem: "Auf der ganzen Insel trinkt man ausschließlich Wasser aus der Rhône, das verschiedene Höfe teils zwei Meilen weit herbeischaffen müssen, wenn der Strom niedrig steht. Da gibt es Winde, die nicht auszuhalten sind. Im Sommer leidet die Insel während vier oder fünf Monaten unter einer Hitze, die zur Verzweiflung führt. Da gibt es Stechfliegen und, während zwei bis drei Wochen, zusätzlich Kleinfliegen (provenzalisch: arabis – sic) zu Tausenden von Millionen, die einen der Hoffnungslosigkeit ausliefern. Das sticht nämlich wütend... Die meisten Pachthöfe besitzen nicht einmal einen Vorhof. Das

oben: Schafherde in der Hochcamargue
unten: Sumpfgebiet in der Kleinen Camargue

Wohnhaus steht mitten auf dem Feld. Man lebt im Freien, dreißigmal schlimmer als in der Picardie und in Marle. Da finden sich Leute, die seit zehn und zwölf Jahren weder einen Pfarrer, noch einen Kaplan, noch eine Messe gehört, noch eine Beichte abgelegt haben."

Im ersten Viertel des achtzehnten Jahrhunderts bereiste ein Monsieur J.A. Gleizes die Tiefcamargue und beschrieb seine Erfahrungen in einem Buch, das Marie Mauron in ihrem Werk *Le Taureau* (Ed. Albin Michel, Paris 1949) zitiert: "Kürzlich habe ich ein Gebiet Frankreichs durchstreift, das in vielem dem gleicht, was die Reisenden über Guayana (französische Kolonie in Südamerika – d.Üb.) zu berichten wissen... Es ist das kleine Land, das sich Grau d'Orgon nennt und eine Insel bildet zwischen dem einen Rhônearm, dem Kanal von Aigues-Mortes und dem Meer. (Es handelt sich um die Kleine Camargue – d.Üb.) Es stellt eine Wüste dar, ohne jegliche Unterkunft, so man die Salinen von Peccais ausschließt. Das ganze übrige Land ist mit Seen bedeckt, mit Salzpflanzen, Pinien und mit Schlangen bevölkert, mit Meeresvögeln und wilden Stieren...

Ein riesiger Pinienwald, der sich von Norden nach Süden bis ans Ufer des Meeres erstreckt,... bildet eine Art Metropole dieses Gebietes; sie wird von einem unübersehbaren Volk bewohnt. Tausende von Raubvögeln halten die Baumkronen besetzt und monströse Schlangen kriechen über den Grund. Dachse, Füchse und Hasen kreuzen pausenlos über den Weg; die einen verfolgen, die anderen werden verfolgt. Wenn dieser Wald bei Sonnenaufgang erwacht und jeder Bewohner auf seine Weise das Tageslicht begrüßt, so bildet das Gezeter, angereichert mit dem Donnern des Meeres, ein Konzert, dessen Schrecklichkeit schwer zu beschreiben ist.

Herden von vierhundert bis fünfhundert Kühen, die so schwarz wie Ebenholz sind, ziehen sich in diesen Wald zurück, um dort die heißesten Stunden des Tages zu verbringen..., unbeweglich, eine neben der anderen, die breite Stirne nach außen gewandt, gleichen die Kühe einer kampfbereiten Armee in Schlachtordnung. Ein Hirte zu Pferd wacht von weitem darüber, daß sie nicht durch den Kanal oder Strom schwimmend zu entkommen versuchen. Als ich diesen Mann auf seinem weißen Camargue-Pferd zum ersten Mal dem Ufer des Meeres entlang fliegen sah, eine eiserne Gabel in der Rechten, da erschien er mir als die wahre Verkörperung des mit dem Dreizack bewehrten Neptuns.

Vom Monat Juni an überschatten Wolken von Stechfliegen und sämtliche Insekten der Sümpfe dieses Land und erreichen, es gänzlich unbewohnbar zu machen. Sie umschwirren die Bewohner der Camargue und der Nachbargebiete, stechen sie, sirren in ihre Ohren, indem sie zu warnen scheinen: wir bedeuten bösartige Fieber; umsonst: der Camargue-Bewohner zündet seine Pfeife an und verbrennt getrockneten Kuhmist, um das Geschmeiß zu vertreiben..."

Das war zur Zeit, da man die Rhônearme einzudämmen begann. Von dem, von Gleizes beschriebenen Piniendschungel ist nur noch der südlichste Teil erhalten.

Er dient jedoch weiterhin den Kampfstierherden zum Schutz gegen die Sommerhitze und den eisigen Mistral (Nordsturm) im Winter. Unter den Tieren, die der Autor erwähnt, sind einige mit der fortschreitenden Versteppung ausgestorben, die meisten aber konnten sich glücklicherweise anpassen.

Fauna, Klima, Menschen

Neben den Pferden und Rindern bevölkern seit jeher vielköpfige Schafherden die Crau, die Hochcamargue und die Grenzgebiete zwischen dieser und der Tiefcamargue. An Niederwild leben heute noch Horden von Wildschweinen besonders in der Kleinen Camargue. Die Kaninchen, von denen die Insel einst nur so gewimmelt hat, starben in den Fünfzigerjahren an der Myxomatose aus. Dieser Umstand hat sich in der Folge auch auf den Bestand der Füchse ausgewirkt. Fischotter und Biber gibt es gegenwärtig noch vereinzelt in einigen wenigen Rhônebuchten und Kanälen. An ihrem Aussterben sind die Abwässer der chemischen Fabriken im Rhônetal, die chemischen Reis-Schutzmittel und die Pelzpreise schuld. Die Biberratte scheint sich indessen neuerdings zu einer echten Landplage auszuwachsen, gegen die selbst die Fallensteller machtlos sind. – Ihrer Bodenbeschaffenheit entsprechend ist die Camargue an Reptilien besonders reich, wenn auch die Zahl der Schlangen, seit der Zeit Monsieur Gleizes', stark zurückgegangen ist. Neben den verschiedenen teils harmlosen, teils Gift-Schlangen, unter denen die bis zu zweimeterfünfzig lange und männerarmdicke Ringelnatter "von Montpellier" die auffallendste ist, lebt – besonders auf dem "Bois de Riège", auf der Inselgruppe im Vaccarès, die zum Naturschutzgebiet gehört – eine Art graugrüner Iguane oder Perleidechsen von bis zu einem Meter Länge, die, verfolgt, furchtlos auch den Menschen angreift. – An den Sommerabenden übertönen Millionen Frösche das Gesumme und Gesirre der Mücken, Arabis (Mini-Stechfliegen) und Bremsen, von deren Larven sie leben. Schwärme von Libellen jagen das Geschmeiß und werden ihrerseits von verschiedenen Vögeln verfolgt.

Im Jahre 1931 führten der Marquis de Baroncelli-Javon, Monsieur D'Elly und eine Reihe anderer Männer, die sich mehr und mehr um die Camargue sorgten, Verhandlungen mit dem zuständigen Minister in Paris, um die Tiefcamargue zum nationalen Naturschutzgebiet erklären zu lassen. Nur ein kleiner Teil davon – das Gebiet rund um den Etang du Vaccarès – wurde schließlich ein Reservat, in dem seither Tausende seltener Vögel teils ihre Frühlings- und Herbstzüge unterbrechen, teils nisten, teils ständige Unterkunft gefunden haben. Neben den berühmten Flamingos, die in den Etangs etwa zur Hälfte ganzjährig, zur anderen Hälfte nur sommers ihr Auskommen suchen, bevölkern silberweiße Seidenreiher paarweise oder in Gruppen die Ränder der Salzseen. Andere große

Camargue-Vögel sind: der Kormoran, der purpurköpfige graue Reiher, der Albatros, der "Gabian" (die große Meeresmöve), der Bussard, der Geier, der Seeadler, hin und wieder auch der Königsadler, ein Dutzend verschiedener Wildenten und Wasserhühner und der Storch. Kleinere Gäste sind: die Seemöve, der bunte afrikanische Wespentöter, der Eisvogel, der Wiedehopf, die Rohrdommel, die Elster und der Eichelhäher, Strandläufer und ein Dutzend verschiedener Arten von Stelzvögeln mit langen, kurzen, geraden und gebogenen Schnäbeln, die in den Etangs Muscheln und Schnecken knacken, Fische fangen, Würmer suchen und Insektenlarven vertilgen...

Wenigstens taten sie das bis gestern noch. Seither wurden die Salzseen und Sümpfe westlich und nördlich der Kleinen Camargue von Flugzeugen aus mit Insektengiften übersprüht. Weite Gebiete wurden so trockenlegbar und für die Gäste der noch im Bau befindlichen Ferien-Metropole zwischen der Camargue und der spanischen Grenze bewohnbar gemacht; vielen – um nicht zu sagen: den meisten – Vögeln und Fischen, Fröschen und Lurchen entzog sich aber dadurch die Nahrung. Noch paddeln zwar träge Wasserschildkröten und schlängeln sich Tausende von Aalen durch die Roubinen und Kanäle des Rhônedeltas. Noch leben, dem Hörensagen nach, einige Zander im Vaccarès. Noch wühlen sich dicke Karpfen zum Überwintern in den Schlamm der meisten Etangs ein. Noch kann der Sportfischer an der Rhônemündung einmal einen Meerfisch, dann wieder einen Süßwasserfisch; einmal eine Meeräsche oder Seezunge, dann wieder einen Hecht an die Angel bekommen – doch wie lange noch?

Bereits vorüber ist die Zeit, da die Gardians im Winter hin und wieder ihre Pferde sattelten, um auf die Fischjagd zu reiten. Der Mistral, der Nordsturm, mußte toben und die Wogen der Salzseen dem Meer zu peitschen. – Wir hatten unsere Tridents, die dreizackbewehrten Hirtenstöcke, geschultert und trabten, gut eingepackt in unsere pelzgefütterten Lederjacken, dem Südufer des "Etangs des Impériaux", einem Ostteil des Vaccarès entlang. Der Mistral hatte den Salzsee bereits weit über seine Ufer treten lassen, und wir lenkten unsere Schimmel in das kaum knöchelhohe Wasser dorthin, wo sich die Strömung zu sammeln schien. Nun galt es zu warten – bewegungslos, wortlos, den Dreizack mit der Spitze nach unten gerichtet, bereit. Kaum eine Viertelstunde später kamen sie an: Zuerst die kleinen Fische, dann die mittelgroßen, um den neu hinzugewonnenen Seegrund nach eingegrabenen Käfern abzusuchen... und zack! – der Trident stieß ins Brackwasser, erwischte einen Brassen hinter den Kiemen, brach ihm das Genick. Bereits nach dem zweiten oder dritten Tridentstoß hatten unsere Pferde in der Regel begriffen. Ohne sich auch nur einen Zentimeter von der Stelle zu rühren, warteten und lauerten auch sie. Entkam einmal ein Karpfen verletzt, so genügten zwei, drei Sprünge, die sie nahezu von sich aus machten, um ihn einzuholen, und traf diesmal die Tridentspitze, so schienen sie ebenso stolz und zufrieden zu sein, wie wir es selber waren. – Heute kann man

Stunden lauern; außer einigen halbfingerlangen "Friture"-Fischen regt sich kaum mehr etwas im Überlauf der Etangs. Nur der Mistral tobt glücklicherweise noch weiter und läßt die Lippen der Gardians vor Frost aufspringen, während die Sonne mittlerweile ihre windabgekehrten Rücken durch die Lederjacken hindurch rösten zu wollen scheint.

Im Januar und Februar legen die Gardians Brände in die Schilfmeere, um den ungeduldig erwarteten jungen Halmen Raum und Licht zu schaffen. Wochenlang steigen braune und graue Rauchschwaden in den tiefblauen Winterhimmel, und Asche treibt, als schwarzer Schnee, über das ganze Delta. Nachts glühen die Horizonte, und der Stierhirte lauscht dem Wind und hofft, er bleibe seiner Richtung treu und treibe nicht die Flammen auf das Tamariskendickicht zu, in dem die Stierherde steht. Sind die Feuer erloschen, so schlüpft der Hirte in die bis zu den Hüften reichenden Gummistiefel, um zu Pferd die Zäune in den Sümpfen und auf der tief überschwemmten Steppe zu kontrollieren. Dann schlägt er tagelang alles aus den Tamariskenbüschen, was man eben noch "Zaunpfahl" nennen kann – denn Holz ist eine Rarität, und die Hagstecken, monatelang vom Brackwasser umspült, faulen viel zu schnell. Endlich stapft er wochenlang durchs Wasser, Tamariskenknüppel auf der linken, die Axt auf der rechten Schulter, schlägt neue Zaunpfähle ein, zieht Drähte, zurrt Drähte fest, errichtet neue Zäune, bessert andere aus, Tag für Tag den Mistral im Gesicht oder Nacken. Daraufhin gilt es schleunigst, Heu auf die Stierweiden zu karren oder die Herde auf ein aufgespartes Stück hohen Bodens zu treiben.

Im März und April oder April und Mai regnet es in der Regel mit Unterbrüchen heftig. Das Wasser in den Etangs, Roubinen und Sümpfen schwillt noch einmal an, isoliert einzelne Gehöfte, verwandelt die Wege und Pisten in glitschige Morast-Bahnen, die nur zu Pferd begehbar werden. – Kurz nach dem Zigeunerfest am 24. Mai stellt sich oft von einer Stunde auf die andere erneut der Mistral ein, trocknet eilig die Wegränder, treibt das Wasser aus den Etangs und von der Steppe ins Meer, tobt drei Tage, drei Wochen oder drei Monate lang, nur jeweils bei Sonnenuntergang und Sonnenaufgang kurz Atem schöpfend. Der Himmel wölbt sich derweil blau ohne den leichtesten Dunstschleier über dem Delta: der Winter zieht sich mit dem Brackwasser selbst von den tiefen Böden in die Sümpfe zurück. Hastig sprießen nun Halme und Gräser, grünen die Salzpflanzen, bevor – in wenigen Wochen schon – die Sonne sie bleichen und ausglühen wird. Der Sommer hat begonnen, ohne daß dem Frühling mehr als Ansätze gelungen sind. Myriaden kaum halbmillimetergroßer Stechfliegen (Arabis) ballen sich zwischen den Tamarisken zu Wolken zusammen, umschwirren im Verband die Rinder, Pferde und Gardians, dringen in Nüstern und Nasen, Augen und Ohren und lassen Mensch und Tier oft halb wahnsinnig werden.

Der Himmel hat begonnen, sich täglich fahler, weißer, flacher über das Land zu spannen. Die Sonne, ein Fleck Farblosigkeit, scheint sich um die Mittagszeit bis zu den Horizonten auszudehnen, ja, über die Erdränder hereinzuschwappen.

Die Etangs trocknen aus. Die Steppenböden springen und reißen auf. Das Salz kristallisiert als eine oft zentimeterdicke Kruste aus und blendet von nun an den Blick, wo immer er sich auch hinrichtet. Schneeweiße, Fata Morganas, verdurstendes Land. – Der Salzgehalt mancher Tümpel steigt bis auf fünfzehn Prozent. Ich habe einmal in einem ehemaligen Rhônearm bei Terre Neuve in der Kleinen Camargue gebadet – insofern man das Baden nennen kann. Der Teich, etwa sechzig Meter lang, fünfzehn Meter breit und zwei, drei Meter tief, war dadurch, daß Sanddünen seit Jahrzehnten sowohl seinen Zufluß als auch seinen Abfluß blockiert hielten, so stark versalzt, daß man sich flach auf die braune Brühe legen und regungslos sonnenbaden konnte, ohne unterzugehen – und das bei einer Wassertemperatur von bis zu dreißig Grad.
Durchschnittlich dauert der Camargue-Sommer bis ungefähr Ende September. Im Oktober regnet es zwei, drei Wochen lang gewitterartig, worauf meistens die ersten Südstürme losbrechen. Die Etangs und Sümpfe füllen sich. Dann sorgt der Mistral wieder bis in den Dezember hinein für Wolkenlosigkeit. Der zweite Anlauf der Südstürme läßt das Meer erneut die Strände, Dünen und Dämme überspülen und die Steppen und meernahen Etangs überschwemmen. Der Winter ist in einer einzigen Nacht in die Tiefcamargue zurückgekehrt. Der Mistral – nun oft minus fünfzehn Grad kalt – rottet die letzten Mücken aus und verziert zu Neujahr die Ufer mit barocken Eisskulpturen, glitzernden, funkelnden Korallenriffs ähnlich.
Für den Camargue-Bewohner ist der Mistral einer der wenigen Boten aus dem Norden, denen er nicht spontan mit Mißtrauen begegnet. Er flucht ihm zwar oft, besonders etwa, wenn er zu Pferd, auf der Spur ausgerissener Rinder, einen Kanal durchschwimmen muß, um darauf, bis auf die Haut durchnäßt, noch stundenlang den minus fünf oder zehn Grad kalten Böen zu trotzen. In Wirklichkeit kann er sich jedoch sein Delta ohne den Nordsturm nicht vorstellen, ohne den "Mistrao", der die Städter in Depressionen und bizarre Anwandlungen einschließt, während er die Pferde der Camargue zu den übermütigsten Kapriolen anregt, die Rinder zu Kämpfen herausfordert und den Gardian selber im Gehöft oder in seiner Hütte keine Ruhe mehr finden läßt, solange ihn Mauern von der tollen Macht draußen trennen. Hat in der Tat der Nordsturm, den die Ränder des Rhônetals dreihundert Kilometer weit eingeengt und gefesselt haben, einmal das Delta erreicht und liegen erst Arles und die Hochcamargue mit ihren Platanen, Kastanienbäumen und Zypressenreihen hinter ihm, so gibt es kein Halten mehr. Nun entwickelt er Geschwindigkeiten von bis zu einhundertzwanzig Stundenkilometern und fegt und rast durch die Tiefcamargue als der einzige, den extremen Lebensbedingungen hier angemessene Wind... Und Winde unterscheidet man im Delta bis zu sechsunddreißig verschiedene. – Oft wurde ich von Fremden gefragt, wann, um Gottes willen, zu welcher Jahreszeit man vor dem Mistral sicher sei. Die Antwort ist: niemals! Denn nahezu stets, wenn es im übrigen Frankreich regnet oder schneit, bläst auf der

Insel der Mistral oder seine Schwester, die Tramontana. Noch immer gilt, was der Marquis de Baroncelli, der berühmteste Manadier (Pferde- und Stierherdenbesitzer) einst zu seinen Gardians und Freunden sagte: "Segnet die Mücken, die Stechfliegen und den Mistral, meine Freunde – sie schützen uns, soweit sie es können, vor allem Fremden!"

Tatsächlich wurden dem Inselbewohner im Laufe der Jahrhunderte zu oft von Fremden Fremdes aufgezwungen, mit dem er sich wider besseres Wissen abzufinden hatte: so erst die Wohnung in den Wehrdörfern und Befestigungen, obwohl sein sicherster Schutz die Sümpfe mit den allein ihm bekannten Einlässen und Durchgängen waren; so die Rhônedämme, obgleich er die Versteppung der Tiefcamargue voraussah; so die Reisfelder, und erst kürzlich wieder Obst- und Gemüseplantagen, obwohl sie das Weideland seiner Herden mehr und mehr beschnitten; so schließlich die Brücken und geteerten Straßen, obgleich sie Touristenschwärme auf die Insel locken, die in der gesamten Tiefcamargue zwar auch viel Geld, vor allem aber überall Konservenbüchsen, Plastikzeug, Autowracks und Papier hinterlassen, die Herden und Vögel stören und dauernd Rettungsaktionen notwendig machen. Einem Land, in dem der Fortschritt bis in unsere Zeit hinein allein der natürlichen Evolution folgte, müssen die Hast und der Größenwahn des technisierten Fremden zur Katastrophe gereichen. Mehr als begründet scheint daher das Mißtrauen der Delta-Bewohner, das in wärmste Herzlichkeit umschlägt, sowie sich der Fremde dem Rhythmus der Insel untergeordnet hat.

Einer Rasse Fremder mißtraut der Camargue-Bewohner indessen nie: den "Bòumian", den heute französischen, spanischen, mittel- und osteuropäischen Zigeunern. Mit ein Grund seines Verständnisses und seiner Freundschaft für das fahrende Volk ist gewiß die eigene unstete Lebensweise. Denn noch bis vor kurzem verbrachte der Gardian mit seiner Herde oft den Winter im Pinienwald der Kleinen Camargue, den Sommer auf der Steppe am Ufer des Vaccarès und den Herbst im Schilfmeer bei Vauvert. Ein zweiter Grund ist ebenso gewiß seine mit den Zigeunern geteilte Passion für die Pferde. Heute sind noch viele der im Languedoc (im Gebiet westlich der Camargue) mehr oder weniger seßhaften Zigeuner – insofern sie sich nicht als Guitarristen, Sänger oder Tänzer an die Konsumgesellschaft vermietet haben – Pferdehändler und Roßtäuscher aus echter Leidenschaft. Sagt beispielsweise Titi, der lokale Zigeunerkönig, von einem Camargue-Schimmel, er tauge zum Stierpferd, so beneiden sogleich sämtliche Deltabewohner den Besitzer um das Tier, selbst wenn sie es noch nie mit eigenen Augen gesehen haben. Ein Wort Titis macht jedes Feilschen um den Preis eines Camargue-Hengstes von vornherein überflüssig – oder leitet die stundenwährende Diskussion überhaupt erst ein.

Jeden Frühling ziehen Tausende von Zigeunern aus ganz Europa in das südlichste Dorf der Camargue, nach Saintes Maries de la Mer, um hier am 24. Mai das Fest der "heiligen Sarah" – von ihnen selber "Sarah-la-Khâli", Sarah die

Schwarze, genannt – zu feiern. Der christlichen Legende zufolge war Sarah die dunkelhäutige Dienerin der drei heiligen Marien (Maria Salome, Mutter der Apostel Jakob und Johannes; Maria Jakobäa, Schwester der heiligen Jungfrau; und Maria Magdalena), mit denen zusammen sie zur Zeit der ersten Christenverfolgung in Palästina von der aufgewiegelten Menge in ein steuer- und ruderloses Boot gesetzt und den Wellen des Mittelmeeres überantwortet worden war. Die Barke trieb während Tagen und Wochen dahin, bis sie wunderbarerweise beim heutigen Saintes Maries de la Mer auf den Strand gespült wurde. – Der Zigeunerfassung dieser Legende nach warf sich Sarah nicht als Dienerin, sondern als eine eben hier vorüberkommende authentische Zigeunerin mit Todesverachtung in die hochgehenden Wogen und rettete so die Barke mit den heiligen Marien aus dem Meer und ermöglichte damit die Evangelisierung Südgalliens. – Tatsächlich fest steht allein, daß die Reliquien zweier Marien noch immer im Kirchenschiff in Saintes Maries aufbewahrt werden und daß erst in unserem Jahrhundert einer schwarzen Gipsstatuette, die den Namen Sarahs trägt, ein Winkel in der Krypta zugestanden wurde. Was zog somit die Zigeuner schon im 16. Jahrhundert jeden Frühling in die Camargue?
Die Anthropologen halten heute für gesichert, daß die Zigeuner ursprünglich aus Indien stammen; wahrscheinlich aus dem Indus-Gebiet. Nicht auszuschließen ist, daß sie hier eine besondere Kaste gebildet haben, nämlich die der – vielleicht damals schon "fahrenden" – Grob- und Feinschmiede, Musiker, Wahrsager und Korbflechter. Verschiedene Sanskrit-Texte aus dem 6. Jahrhundert weisen darauf hin. – Der Auszug der "Zigeuner" aus Indien begann um die Mitte des 12. Jahrhunderts und dauerte bis zum Ende des 14. Jahrhunderts. Er stellte eine teils freiwillige Exilierung, teils unfreiwillige Flucht vor den Horden erst Dschingis Khans (1155–1227), dann Tamerlans (1370) dar. Der Exodus führte das "fahrende Volk" jedenfalls über Persien und Kleinasien teils nach Rußland und auf den Balkan, teils über Ägypten bis nach Marokko. Die Westeuropäer sahen die Zigeuner – französisch: Tziganes – aus der Ukraine und Griechenland einwandern und als Gitanos – französisch: Gitans – über Spanien aus Nordafrika. In der Camargue, genauer in Saintes Maries de la Mer, sollen sich im 15. Jahrhundert die Gitans mit den Tziganes wieder vereinigt haben, und die Wallfahrt am 24. Mai soll in Wirklichkeit das Fest der Wiedervereinigung "de la Nation Gitane", des Zigeunervolkes, darstellen. In der Tat ist Saintes Maries de la Mer einer der wenigen Zigeunerfestplätze, an denen sich regelmäßig ebenso viele Tziganes wie Gitans zusammenfinden, wenn sie dabei auch die Camps strikt voneinander abgrenzen. Blickt man aber abends den Musikanten auf die Finger, so ist das "fahrende Volk" plötzlich wieder eine einzige Nation: die traditionellen Griffe (Akkorde) sind an der Guitarre (Gitans) dieselben wie die an der Violine (Tziganes).
Meiner Ansicht nach ist letztlich weder der Jahrestag der Wiedervereinigung, noch die moderne, christlich gefärbte Wallfahrt der wirkliche Grund für das

Zigeunertreffen. Ich habe die Frage mehrmals mit Freunden unter den Tziganes diskutiert und auch versucht, Gitans darüber auszuhorchen. Für alle spielt die Versammlung in Saintes Maries erstens eine sehr praktische, den Alltag und die Fahrten "koordinierende" Rolle – Hochzeiten, Geschäfte, Pakte werden abgesprochen –, zweitens entspricht sie einem echten, tiefwurzelnden religiösen Bedürfnis, dem die offizielle christliche Messe und die Prozession lediglich einen mehr oder weniger akzeptierten Rahmen verleihen.
Der Altar der Kirchenfestung von Saintes Maries wurde im 12. Jahrhundert nämlich genau an der Stelle errichtet, an der angeblich die Heiligen Marien ihren Altar aufgebaut hatten. Dieser – das haben Ausgrabungen gezeigt – hatte seinerseits einen Mithra geweihten Stieropfer-Altar ersetzt, der wiederum über der einzigen Süßwasserquelle in weitem Umkreis errrichtet worden war. Die Krypta, die der "gute" König René im 15. Jahrhundert unter dem Altar ausgebaut hat, birgt heute noch, was damals zutage gefördert worden war: die Quelle, deren Wasser die Zigeuner besondere Wirkung zuschreiben; eine Art Sarkophag mit den Überresten angeblich "Sarahs-la-Khâli", deren Statuette und den Stieropfer-Altar. Sie besitzt somit zweifellos weit mehr "heidnische" Ausstrahlung denn christliche und dürfte daher der Naturreligiosität der Zigeuner auch eher entsprechen als vergleichbare andere christliche Kultstätten. Tatsächlich bin ich davon überzeugt, daß die Zigeuner über einen sechsten Sinn für pantheistische Atmosphären verfügen und so ihren Khali-Kult in Europa stets an ehemalige heidnische Opferplätze zu verlegen versucht haben. Ich erkläre mir denn auch die Existenz der meisten, über den ganzen Kontinent verteilten, "schwarzen Jungfrauen" mit der Überbauung heidnischer Altäre durch christliche Kirchengründer und das spätere – meist nach dem 15. Jahrhundert erfolgte – mirakulöse Auffinden einer schwarzen Jungfrauen-Statue in unmittelbarer Umgebung, an dem die Zigeuner wohl nicht ganz unschuldig sind.
Nicht der christliche Ritus rund um die Prozession am 24. Mai, weder die Anwesenheit kirchlicher Würdenträger, noch die scheinbar tiefgefühlten, den heiligen Marien geweihten Gesänge beleuchten somit das eigentliche Warum der Zigeunerwallfahrt. Der Schlüssel zur wahren Bedeutung des Festes ist wohl vielmehr in dem zu suchen, was sich in der Nacht vom 23. auf den 24. Mai in der Krypta Sarahs-la-Khâli abspielt; in der kollektiven mystischen Ekstase der Zigeuner, während der kaum je ein Weißer Zutritt zum Kirchenschiff erhält.
Die Gardians nannten ihre Insel Jahrhunderte lang "la Terro Santo", die "Heilige Erde". Zigeuner-Blutrachen und -Streitigkeiten sind, solange Camargue-Boden unter den Rädern der Wohnwagen knirscht, seit jeher außer Kraft gesetzt. Auf den Steppen formen die Stiere nachts oft eigenartige Reigen, die noch kein Verhaltensforscher rationell zu erklären vermochte. Die Manadiers der Generation unserer Väter sprachen im Zusammenhang mit ihren Stieren und Pferden noch von der "Fé", vom "Glauben", der angeblich nichts mit Religion zu tun hat... La Terro Santo – ist sie in Wirklichkeit nicht ganz einfach eine "heile

Welt"? – Hier ist der Mensch noch kein "Manager", denn weder der Mistral, noch die Südstürme, weder das Meer, noch der trügerische Boden, weder die Stiere, noch der unter dem Sattel bockende Junghengst lassen sich "managen", das heißt: manipulieren. Hier ist der Mensch noch aktiver Teilnehmer, kaum jemals Teilhaber. Hier wird er noch ausschließlich nach dem gewogen und beurteilt, was er nach und nach geworden ist; kaum jemals nach dem, was er besitzt. Er ist ein guter Zureiter oder beachtlicher Stier(fach)mann, ein erstklassiger Fischer oder großer Wilderer, ein gewandter Razeteur (Stierkämpfer) oder *der* Tierarzt, obwohl er nie studiert hat. Die höchsten menschlichen Eigenschaften sind noch die "franchise", die Lauterkeit, der Mut, die Schlichtheit, "la gentillesse", die Großmut und die Opferbereitschaft, das heißt, all jene Qualitäten, auf die es hier täglich ankommt, obwohl mit ihnen im Geschäftsleben angeblich nicht zu bestehen ist. Zur Zeit meiner "Gardianlehre" konnte man sich in der Camargue noch egal von wem egal was borgen: Geld, das Auto, die Flinte, den Hund, einen Sattel, den Sonntagsanzug, ein Bett, unbeschränkte Gastfreundschaft. Damals gab es nur zwei Tabus: die Frau und das Stierpferd. Für jede Leihgabe wurden dem Verleiher nie festgelegte Zinsen meistens geradezu aufgedrängt. Der Fischer "bezahlte" mit Fischen, der Wilderer mit Wild, der Gardian mit Pilzen, wildem Gemüse oder Steppensalat. Hatte jemand an jemandem etwas auszusetzen, so ging er hin und sagte es ihm ins Gesicht. Der andere verteidigte sich, entschuldigte sich oder klärte das Mißverständnis. In der Regel trank man daraufhin zwei bis drei Pastis in der Bar oder prügelte sich kurz, aber heftig, bis einer zu Boden ging. Die Beziehungen zwischen den Gardians, Fischern und Dörflern, ja selbst zwischen den Gendarmen und den Wilderern waren von herzlichster Einfachheit. Man spielte sich Streiche, oft sogar reichlich massive, und lachte am Abend in der Bar darüber, womit der Verlierer in Zugzwang geriet.

Vater Coulon, ein ehemaliger Razeteur (Stierkämpfer), der, wie die meisten seiner Kollegen in den Zwanzigerjahren, neben den Kämpfen an den Wochenenden mehr oder weniger hauptberuflich als Wilderer gearbeitet hatte, erzählte mir einmal: "Glaube nur nicht, die Gendarmen wären damals weniger auf Draht gewesen, als sie es heute sind! Sie besaßen Feldstecher, wußten noch eine Kaninchenschlinge von einem ausgefallenen Pferdeschweifhaar zu unterscheiden und waren durchtrainierte Schnelläufer. Sie machten das Wildern so zu einem Sport, bei dem man ebensoviel Köpfchen brauchte, wie handwerkliches Geschick! – Einmal bat mich ein Filmregisseur, für seine Kamera eine Wildererszene zu spielen. Er erklärte mir kurz, um was es ging, und ich sagte ihm meine Hilfe unter der Bedingung zu, daß ich die Szene bloß ein einziges Mal zu spielen hätte.

Zwei Dinge muß ich noch erwähnen: Erstens lauerten uns die Gendarmen damals vor allem auf unseren Heimwegen auf, um uns mit dem Sack voll Wild auf dem Rücken zu erwischen. Das Wildern selbst war also verhältnismäßig

ungefährlich; schwierig bloß, die Beute auch ins Dorf zu bringen. Zweitens wollte der Filmregisseur eben eine solche Polizeiaktion und ihre Gefahren für die Gendarmen draußen, auf dem Meerdamm, abdrehen und hatte sich dazu nicht nur mich, den echten Wilderer, sondern auch die beiden echten Dorfgendarmen verpflichtet, denen ich noch eine Revanche schuldig war. Voilà!
Sowie der Mond aufgegangen war, schlich ich mich mit dem Fahrrad aus dem Dorf, radelte über den Strand dem Pèbre zu, stellte meine Fallen, sammelte Stunden später die erlegten Kaninchen ein. Punkt fünf Uhr hatte ich – dem Drehbuch entsprechend – mit einem dick ausgestopften Sack auf dem Gepäckträger dem Meerdamm entlang an der "Hütte mit dem Stier" vorüberzustrampeln. Dort sollten mich die Gendarmen kurz zu Fuß verfolgen, schließlich vom Rad zerren, worauf ich sie sanft zu Boden zu schlagen hatte. – Mir war es recht so. Ich verschnürte meinen vollen Beutesack sorgfältig auf dem Gepäckträger und radelte quer über die Steppe dem Leuchtturm "de la Gacholle" zu. Endlich erreichte ich den Meerdamm und strampelte auf ihm weiter. Punkt fünf Uhr erreichte ich die "Hütte mit dem Stier". Die Kamera schnurrte, schwenkte, ich pfiff vor mich hin. Da rannten die Gendarmen los. Wie verabredet, holten sie mich ein. Wie verabredet, zerrten sie mich vom Fahrrad. Wie nicht verabredet, tastete und drückte einer der beiden am Beutesack auf dem Gepäckträger herum, während mich der andere festhielt. Da knallte ich, wie verabredet, einem nach dem anderen je einen Kinnhaken unter den Schnurrbart, so daß die beiden, wie nicht verabredet, echt zu Boden gingen. Darauf fuhr ich schnellstens ins Dorf zurück. – Du hättest sie an diesem Abend in der Bar erleben sollen, als ich ihnen, die sie sich wegen der Kinnhaken beschwerten, vor den versammelten Dörflern gestand, nicht nur die Kinnhaken, auch die Kaninchen im Sack seien echt gewesen! Sie wurden rot und bleich! Aber ohne handfesten Beweis konnte ich ja nur Spaß gemacht haben..."

Die Fremden, die Städte und das Land

Zur Zeit, da Vater Coulon noch als Razeteur und Wilderer wirkte, und bis zum zweiten Weltkrieg wanden sich nur drei Straßen durch die Camargue von Gehöft zu Gehöft, von Weiler zu Weiler. Die eine führte von Arles nach Salin de Giraud, die zweite von Arles nach Saintes Maries de la Mer, die dritte zweigte im Süden von der zweiten ab und verband so Arles mit Sylvéréal, Aigues Mortes und Nîmes. Die Hauptlast des Verkehrs trugen damals die beiden Eisenbahnen, das heißt zwei schwachbrüstige Lokomotiven, die je drei bis vier lotterige Wagen von Arles nach Salin de Giraud und von Arles nach Saintes Maries und wieder zurück zogen. Dennoch galten sie, sowie ihr Betrieb endgültig eingestellt wurde, plötzlich als der Inbegriff "der guten alten Zeit". Sie schlugen jedenfalls so weite Bögen zwischen den Gehöften und stampften und kollerten so langsam durch das Delta, daß Vater Coulon unwidersprochen behaupten konnte, er habe sich oft während der Reise zwischen Tamariskengebüsch erleichtert, sei den Wagen nachgerannt und wieder aufgesprungen, ohne sich dabei besonders zu beeilen. Auf die Existenz dieser Eisenbahnen ist letztlich der Beginn des "Tourismus" in der Camargue zurückzuführen – wobei "Tourismus" allerdings nichts anderes bedeutet, als daß sich dank der Züge damals an den Wochenenden oft sage und schreibe acht bis zehn "Fremde" bis nach Saintes Maries verirrten.

Die "Fremden" waren in der Regel Handwerker aus Arles, Avignon, Nîmes und Marseille, die für die Manadiers (Herdenbesitzer) und Gardians arbeiteten und sich seit langem mit diesen angefreundet hatten. Sie fuhren im Zug oder auch schon vereinzelt im eigenen Auto vor den Gehöften vor, brachten Frau und Kinder, Freunde und Bekannte mit, wollten nur eben etwas abgeben oder fragen, blieben doch noch zum Kaffee, dann zum Apéritif, schließlich zum Abendessen. Daraufhin fanden sie sich regelmäßig einmal im Vierteljahr ein, dann einmal im Monat, endlich jeden Sonntag; und das Ausflugsziel vererbte sich von den Vätern auf die Söhne.

Während des zweiten Weltkriegs verarmten die Manadiers. Viele verkauften ihre Besitzungen. Von einem Jahr auf das andere wußten die Kinder und Kindeskinder der Handwerker, zu Fabrikarbeitern herangewachsen, nicht mehr, wo sie ihre Wochenenden verbringen sollten. Die Camargue zog sie noch immer an. Noch träumten sie von den Schilfhütten, die sie einst errichtet, und von den selbstgebastelten Reusen, die sie den Aalen ausgelegt hatten. Doch vor "ihrem" Gehöft stand nun ein Schild: "Propriété privée – Zutritt verboten." So fanden sie schließlich in immer größerer Zahl nach Saintes Maries de la Mer und nach Grau du Roi. Billige Hotels wurden hier eröffnet und beherbergten die Städter beinahe mehr aus Gefälligkeit, denn aus Gewinnsucht. Die Sonntagsgäste spielten Belote (ein Kartenspiel) und Boules (eine Art Boccia) mit den Fischern und kamen auch in den Sommerferien in das Delta zurück. Täglich zogen sie nun mit der Angelrute und dem Netz aus oder schleppten, von einem Dörfler eingeladen, die Flinte, den Patronengurt und die Jagdtasche mit durchs Schilf. Abends ließen sie die Beute vom Wirt zubereiten, der davon kosten und dafür vergessen durfte, die Apéritifs auf die Wochenrechnung zu setzen.

Zu dieser Zeit, das heißt am Ende der Vierzigerjahre, tauchten immer häufiger auch schon die ersten Maler auf, kämpften, auf Van Goghs Spuren, gegen den Mistral, der ihre Staffeleien mitzureißen drohte oder Sand auf die Palette wehte. Daraufhin begannen Leute aus Paris, Bordeaux, Rouen und Lyon, durch das Röhricht zu irren: in hüfthohen Gummistiefeln, mit Ferngläsern, Fotoapparaten, Teleobjektiven und Notizblöcken bestückt. Bei Sonnenaufgang legten sie sich unter eine Tamariske, wagten nicht, die Mücken zu vertreiben, die sich, einem Gazeschleier gleich, über ihre Gesichter und Hände breiteten, aus Furcht, den Seidenreiher zu verscheuchen, den sie seit einer halben Stunde durch den Feldstecher beobachteten. – Gegen Mittag stolperten sie jeweils mit tomatenrot aufgeschwollenen Köpfen ins Hotel zurück, zeigten dem Wirt Vogelskizzen, imitierten Vogelschreie, ahmten Flügelschläge mit den Armen nach und wollten den Namen des betreffenden Vogels erfahren. Anfänglich suchten die Wirte in ornithologischen Wälzern nach Abbildungen. Als die Vogelfreunde jedoch immer zahlreicher, nun sogar aus England und Skandinavien eintrafen und die Fragen immer dringlicher wurden, antworteten sie schließlich irgendwas, buchstabierten die Erfindung, schrieben den Namen – in besonders schwierigen Fällen mit Blockbuchstaben – unter die Skizzen und ließen sich dafür zum Apéritif einladen. So wurden aus Seidenreihern junge Flamingos, aus Wespentötern Kolibris, aus Seemöven Kormorane und aus einem Strandläufer ein "kohlköpfiger Regenvogel".

Die ersten Vogelfreunde erwiesen sich als wahre Helden. Sie kamen nicht in die Camargue, um drei Wochen später braungebrannt unter den Bürokollegen aufzufallen; für sie war der höchste Schatz der Welt ein Dutzend gut belichteter Photoplatten. Weder der Mistral, noch das Geschmeiß, noch ein Sturz in die Roubine hielt sie davon ab, ihr Ziel zu erreichen. Gedachten sie weiter auszuschwärmen, so mieteten sie Pferde, obwohl sie noch nie in einem Sattel gesessen hatten. Ob ihr Reittier leicht galoppierte, sich wenden ließ oder an den anderen Pferden klebte, war ihnen egal. Sie wollten an einem bestimmten Punkt im Gelände abgesetzt und vom Gardian vor Unfällen behütet werden. Meistens mieteten sie das Pferd und den Führer gleich für den ganzen Tag...

Glückliche Zeit! Die Camargue war noch die Camargue. Die Fremden zeigten sich anspruchslos und jubelten über jeden Reiher. Die Pferde vertraten sich in ihrem Dienst eben gerade die Füße. Und so weit der Blick reichte, war der Gardian noch allein mit seinen Kunden, den Pferden und der Steppe. Damals knüpften sich Freundschaften zwischen Stierhirten und Stahlarbeitern, Stierhirten und Industriekapitänen, Stierhirten und Hochadligen, die teils heute noch halten, obgleich man sich kaum mehr begegnet. – Glückliche Zeit! Die Fremden brachten Betrieb und Verdienst in die Dörfer, waren dabei aber noch so zahlarm, daß man mit jedem einzelnen beim Pastis das Du austauschen konnte, ohne deswegen über den Durst zu trinken. Die Dörfler wähnten sich jedenfalls in Sicherheit.

Am Anfang der Sechzigerjahre setzte daraufhin plötzlich der große Touristenstrom ein. Die Stammkunden blieben nach und nach weg. Die Dörfer wurden buchstäblich überschwemmt. Hotels und Campingplätze schossen aus dem Boden. Die Preise stiegen. Plötzlich gab es nichts mehr umsonst – nicht einmal mehr Freundschaften. Die Camargue geriet unter den Hammer. Wen es dennoch zurück auf die Insel zog, der mußte sich in den umliegenden Städten und Dörfern einmieten – und siehe da, manche "Ehemalige von Saintes Maries" fanden sich zufällig im gleichen Gasthof in Saint Gilles, Arles oder Saint Martin

de Crau wieder. Und nun entdeckten selbst Orte, wie Bellegarde oder Beaucaire, Tarascon und Fontvieille eine eigene Gardian-Tradition: Die Camargue schwappte über ihre Ufer. Authentisch mit der eigentlichen Camargue verbunden sind indessen von den außerhalb gelegenen Orten bloß Fos-sur-Mer (Crau), Port Saint Louis (Crau), Mas Thibert (Crau), Arles, Saint Gilles du Gard, Vauvert, Lunel und Aigues Mortes (an der Grenze der Kleinen Camargue).
Arles wird oft und nicht zu Unrecht die Hauptstadt der Camargue genannt. Tatsächlich schlägt der Name "Arles" in jedem Gardian und Manadier und in jedem Stierkämpfer von selbst eine Gedankenbrücke vom letzten zum nächsten Samstagmorgen. Von außen betrachtet passiert dabei an den Samstagen in Arles nicht eben viel. Zwar säumen bunte Marktstände beidseitig die über einen Kilometer lange "Promenade des Lices", zwar versammeln sich von zehn Uhr an die festlich herausgeputzten Gardians und Manadiers vor dem "Café Vauxhall", zwar herrscht ein Gedränge in den Straßen der Innenstadt, wie sonst nur an Stierkampftagen; doch abgesehen davon ist nichts Greifbares los: weder eine Hochzeit, noch eine Totenmesse scheint das Feiertagsschwarz der Gardiantracht zu rechtfertigen... von außen betrachtet!
Gehört man zu den Gardians, so scheint sich einem unvermittelt der Lauf der Welt in und vor dem Café Vauxhall zu entscheiden: Guitou hat ein erstklassiges Stierpferd zu verkaufen. Robert wurde gestern von einem Stier zuschanden gerichtet. Der Manadier S. will seine portugiesischen Bullen abgeben. Justin sucht zwanzig reinrassige Camargue-Stuten für jemanden, dessen Namen er nicht preisgeben will. Man munkelt, es sei "F.". Jean sucht drei Tonnen gutes Heu. Luc verkauft seine Flinte... Für den Gardian gibt es kaum etwas von Bedeutung, das in Arles mit den Kollegen nicht besprochen, gewogen und bedacht werden müßte. Und jede Entscheidung, sei sie ausgefallen, wie sie wolle, wird hier noch einmal kommentiert. Nach dem Apéritif, um ein Uhr, kehren die Gardians und Patrons daraufhin zu ihren Herden zurück mit dem Gefühl, daß ihre ureigenste Entscheidung eben doch die richtige war. Sollte sie sich in der Folge trotz allem als falsch erweisen, so hat man Pierre und Roger später etwas vorzuwerfen und ist so ihrer Teilnahme gewiß. Die Versammlung der Gardians und Manadiers in Arles ist so letztlich neben den verschiedenen praktischen Informierungen vor allem ein Bad "in der Menge", ohne das der Stierhirte bei seiner einsamen Arbeit während der Woche kaum bestehen könnte.
Für den Fremden ist das Städtchen Arles dank seiner zahlreichen Überreste aus der Römerzeit, der Kathedrale, dem Kloster und den vielen Museen eine der interessantesten Kunststätten Frankreichs. In seinen winkligen, engen Gassen scheint nicht nur die Geschichte der Stadt, vielmehr sogar die der ganzen südlichen Provence hängengeblieben zu sein, wie die Zeiger einer Uhr aus längst vergangenen Jahrhunderten.
Arles wurde im 7. Jahrhundert vor Christus unter dem Namen "Théliné"

(Amme) als eine einfache Handelsniederlassung gegründet, 535 v. Chr. von den Ligurern zerstört und im 4. Jahrhundert von Kelto-Ligurern unter dem Namen "Arelata" (Stadt der Sümpfe) wieder aufgebaut. Im Jahre 49 stellte die Stadt Julius Cäsar eine Reihe Schiffe für die Belagerung von Marseille und die Vertreibung der dort mit Arles konkurrierenden griechischen Kaufleute zur Verfügung. Daraufhin errichtete die sechste römische Legion ihr Hauptquartier und eine bedeutende Schiffswerft nahe der Stadt, wodurch diese offiziell eine römische Kolonie unter dem Namen "Colonia Julia Paterna Arelate Sextanorum" wurde. Eine schwimmende Rhônebrücke machte sie zur Drehscheibe zwischen Italien und Spanien und dem Rhônetal, was den Bürgern in kurzer Zeit zu einem gewissen Wohlstand verhalf und zahlreiche Künstler und Philosophen anlockte. Nach der Zeitenwende hielt sich besonders Kaiser Konstantin oft und lange in Arles auf und präsidierte hier dem großen Konzil des Jahres 314.
Im Jahre 480 fiel Arles in die Hände der Westgoten, dann in die der Burgunder, darauf in die der Ostgoten, schließlich in die der Franken, worauf es 879 die Hauptstadt eines unabhängigen Staates der "Provence et Arles" wurde und dies bis 1032 blieb. Von da an fiel die Stadt nur noch von Zeit zu Zeit durch ihre Streitigkeiten mit den jeweiligen Erzbischöfen auf. 1720 forderte die Pest um zehntausend Opfer unter der Bevölkerung der Stadt. Heute ist Arles die Hauptstadt einer Unterpräfektur des Départements "Bouches-du-Rhône" und zählt rund fünfzigtausend Einwohner. Die modernen Arlesier leben vor allem vom Tourismus, vom Reis, von den Stieren und Pferden der Camargue. Die Fremden bewundern in der Stadt besonders die Eglise Saint-Trophime aus dem 11., 12. und 15. Jahrhundert, die durch ihre besonders reich geschmückte Fassade aus dem 12. Jahrhundert berühmt geworden ist; das Kloster in romanischem Stil; das römische Amphitheater, das 26 000 Zuschauer faßt und aus dem 2. Jahrhundert nach Christus stammt; das Théâtre antique, das im 3. Jahrhundert fertiggestellt wurde; die Aliscamps, eine ehemalige römische Triumph-Straße und Nekropolis von eigenartiger Ausstrahlung; und die verschiedenen Museen von ausgezeichnetem Niveau.
Ein zweites lohnendes Ausflugsziel für den Camargue-Besucher ist das Städtchen Aigues Mortes (Tote Wasser) im Westen der Kleinen Camargue, das sich heute noch hinter einer monumentalen, nahezu vollständig erhaltenen Stadtmauer mit Wehrtürmen verbirgt. Schlendert man an einem heißen Sommertag um die Mittagszeit durch seine nur teilweise geteerten Straßen, so glaubt man sich plötzlich um Jahrhunderte in die Vergangenheit zurückkatapultiert. Wie überall im Süden haben sich die Stadtbewohner zur Siesta in ihre Häuser zurückgezogen. Kein Lüftchen weht, obgleich das Meer nur zehn Kilometer weit entfernt liegt. Ein einsamer Hund streunt vergessenen Mülltonnen nach, lappt hie und da in der Gosse, um sich endlich irgendwo im Schatten zu verkriechen. Und schon erreicht man das Südtor der Stadtmauer, durch das silbern blendende Salzberge von den Salinen draußen hereinleuchten. Ist es der Name "Tote

Wasser", ist es die Reglosigkeit der Luft, ist es die Menschenleere der Straßen oder nur die flimmernde Hitze, die einen nach Pompeji, Persepolis oder in sonst eine ausgestorbene Stadt versetzt?
Aigues Mortes verdankt seine Existenz Ludwig dem Heiligen, König von Frankreich, der das Gelände um den damaligen natürlichen Meerhafen 1240 den Mönchen von Psalmodi abkaufte. In der Folge baute er zuerst die beiden Häfen aus, dann einen Wachturm (la tour de Constance), schließlich die Stadtmauern, um den Stützpunkt gegen die Seeräuber zu verteidigen. Im eben fertiggestellten ersten Hafen schiffte er sich am 28. Juli 1248 zum siebten Kreuzzug nach Ägypten ein und am 1. Juli 1270 zum achten nach Tunis, von dem er nicht zurückkehrte. Die Befestigung der Stadt wurde daraufhin fertig erst am Ende des 13. Jahrhunderts. Im 17. Jahrhundert verteidigten sich die Protestanten in Aigues Mortes. Während langer Zeit schien die Stadt der einzige Platz Südfrankreichs zu sein, an dem sie sich in Sicherheit wiegen konnten. Dann wurde sie 1624 von den Katholiken doch noch eingenommen und diente bis 1767 als das grausamste Protestanten-Gefängnis ganz Frankreichs, in dem Hunderte von Neugläubigen umkamen.
Heute ist Aigues Mortes nur noch dank seiner Abrivados (Beitreiben der Kampfstiere zu Pferd; ein Spiel zwischen Dörflern und Hirten) berüchtigt. Denn wehe dem Gardian, der sich durch die Dorfjugend aus dem Reiterpulk lösen läßt und so einem Stier zur Flucht verhilft! Die Burschen reißen ihn vom Pferd, mißhandeln ihn, und nicht selten fliegt er schließlich seinem Sattelzeug nach in den Kanal, aus dem nur schwer wieder herauszukommen ist. Auch mit Schlägereien anläßlich der Ballnächte im Sommer hält die Jugend von Aigues Mortes nicht eben zurück – besonders wenn sich die Gardians aus Saintes Maries de la Mer eingefunden haben.
Aigues Mortes vorgelagert liegt Le-Grau-du Roi, einst ein kunterbuntes, sympathisches Fischernest, das sich leider in den letzten Jahren mit riesigen Apartment-Häusern und klotzigen Hotelbauten verschandeln ließ. Doch noch ist ihm seine Hauptstraße erhalten geblieben. Sie führt an dem als Fischerhafen dienenden Kanal entlang zum Meer und kann durchaus die weniger hübschen Dorfteile vergessen machen. – Ähnlich wie Saintes Maries de la Mer war Grau-du-Roi lange die exklusive Badedomäne der Handwerker und reichen Bürger von Montpellier, Nîmes, Avignon und Marseille. Heute werden beide Orte während der Saison vor allem von Ausländern und Campingfreunden umlagert, welche die Einwohnerzahlen von vier- bis fünfhundert im Winter kurzfristig leicht auf nahezu zehntausend klettern lassen. Und dennoch gibt es wunderbarerweise noch immer Ausflugsrouten im Rhônedelta, auf denen man durchaus noch

links oben: Flamingo mit Jungem
rechts oben: Seidenreiher beim Füttern der Jungen im Nest
unten: Wasserschildkröte der Camargue

einen Eindruck davon erhält, was die Camargue einst darstellte und teils – in schwer zugänglichen Gebieten – noch immer ist.
Eine dieser Routen ist die "Digue à la Mer", der Meerdamm, der von Saintes Maries nach Salin de Giraud führt. Er ist weder gepflastert, noch geteert, in geradezu katastrophalem Zustand und höchstens mit einem Landrover, einem Citroen 2 CV oder einem Renault 4 sinnvoll befahrbar. Aber selbst mit diesen Wagen-Typen sollte er nie nach einer langen Regenperiode, einem heftigen Gewitter oder nach Südstürmen eingeschlagen werden. Denn abgesehen davon, daß man in solchen Fällen mit nahezu hundertprozentiger Sicherheit in der Mitte irgendwo steckenbleibt, droht man den Damm, der sich in Privatbesitz befindet und nur aus Lehm aufgeschüttet ist, vollends zuschandenzufahren. Den Winter über höhlen ihn die Wogen jeweils von beiden Seiten her aus. Im Frühling wird er darauf zwar meistens notdürftig instandgesetzt, doch Kiesel, Schotter und Steine fehlen, und die paar Schaufeln Lehm, mit denen die größten Löcher verstopft werden, maskieren die Höhlen bloß, die dann während des Sommers unter dem Gewicht großer Tourenwagen regelmäßig einstürzen. Daher nochmals: Der Meerdamm ist befahrbar, doch nur mit äußerster Vorsicht, nach entsprechenden Erkundigungen in Saintes Maries oder Salin de Giraud und nur mit möglichst hochbeinigen Kleinwagen. Glückt das Abenteuer, so wird es einen die Camargue jedoch kaum mehr vergessen lassen.
Von Saintes Maries de la Mer führt der Damm anfänglich schnurgerade nach Südosten. Links breitet sich die Steppe mit ihren, je nach der Saison, grünen, grauen, gelbgrauen und roten Salzpflanzen (Salicornien) bis ans Ufer des Etangs des Impériaux. Reiher stapfen durch Tümpel. In der Ferne traben kunterbunt gekleidete Touristen auf weißen Pferden über hohe Böden. Mitten im Salzsee ist durch das Fernglas ein Trupp Flamingos auszumachen. Rechts strahlt der Strand hinter den Dünen die Glut in den Himmel zurück und scheint, soweit der Blick nach Südosten schweift, knietief unter Wasser zu liegen. Vom Meer her weht eine leichte Brise. Sie befinden sich nun ziemlich genau in der Basismitte des Inseldreiecks und haben so – dem Meer zugewandt – rechter Hand wie linker Hand je fünfzig Kilometer Sandstrand um sich liegen. Doch widerstehen wir der Versuchung, uns schnell im Meer abzukühlen; fahren wir stattdessen weiter. Allmählich beginnt die große Einsamkeit zu wirken. Einesteils atmet man jäh freier denn je, möchte vor Übermut tanzen, den Blick den Horizont entlang schweifen lassend, der hier tiefer als die Augen zu liegen scheint. Man stemmt sich gegebenenfalls berauscht gegen den Mistral, breitet die Arme, um – was nur? – an sich zu drücken... Anderenteils schaudert man unvermittelt: kein Gehöft, kein Mensch, kein Auto, nur der Leuchtturm ragt in der

oben: Schilfbrand im Frühling
unten: Prozession der Zigeuner mit der Statue der Heiligen Sarah aus der Kirchenfestung von Saintes Maries zum Meer

Ferne als eine silberne Nadel ins abgrundtiefe Blau. Keine Wolke, kein Baum, kein Hügel; nichts, worauf der Blick verweilen könnte. Zwar stakt nur zwanzig Meter entfernt ein Strandläufer durch eine Roubine. Doch man fühlt genau, daß man ihn bloß richtig ins Auge zu fassen braucht, um ihn auffliegen zu lassen. Im Süden kreischen plötzlich Möven über dem Strand auf, als hätten sie einen erst eben entdeckt. Der Sand zwischen den Dünen liegt vom Wind gewellt, und als Sakrileg erscheint bereits die bloße Absicht, den Fuß dorthin zu setzen. Furchtlos flitzt da eine ellenlange hellgrüne Eidechse über den Damm: Der Mensch hat hier noch nie wirklich dazugehört... der Mensch ist hier nur geduldet.

Man setzt sich hinters Steuerrad zurück, greift nach einer Zigarette, läßt sie feuerlos im Mundwinkel hängen, fährt an, hat es plötzlich eilig, schlägt unsanft in Weglöcher, bremst, will anhalten, besinnt sich anders, gibt wieder Gas... Gerät man schließlich beim Pèbre auf eine halbwegs zivilisierte Straße, so glaubt man sich ebenso knapp dem Himmel wie der Hölle entronnen.

Im ersten Herbst meiner Gardianzeit borgte mich der "Sheriff" von Saintes Maries einmal bei meinem Patron aus. Ich sollte seinem Gardian helfen, zwölf Mietpferde auf eine Weide im Norden des Vaccarès zurückzutreiben. Als mich der Patron von dem Handel in Kenntnis setzte, war es eben zwölf Uhr mittags. Der Westwind war in sich zusammengefallen. Stickig lastete die Hitze über dem Delta. Im Nordwesten türmten sich Wolken. Der Patron sagte: "Um eins reitet ihr los! Seht zu, daß ihr noch vor dem Gewitter über den Pèbre hinaus gelangt, sonst kriegt ihr die Pferde niemals auf die Winterweide!" Der Sinn dieser Worte ging mir erst Stunden später auf.

Als ich kurz vor ein Uhr beim Stall des Sheriffs anlangte, hatte George, der Gardian, bereits zwei Pferde gesattelt und aufgezäumt. "Ist deine Windjacke wasserdicht? ", war seine erste Frage; und die zweite: "Hast du genügend Tabak, Zigarettenpapier und Benzin im Feuerzeug? " – Wir schwangen uns in die Sättel und griffen nach den Hüterstöcken. Der Sheriff öffnete das Stalltor, die Mietpferde trabten in den Hof, George setzte sich an die Spitze der Herde, ich stieß den Treiberpfiff aus, und schon trotteten wir einer Roubine entlang dem Strand zu. Als wir, mitten zwischen den Dünen, jenen Punkt erreichten, an dem die Mietpferde den Sommer über jeweils umgekehrt waren, und sie, ohne Pause, weitertrieben, wurden sie plötzlich aufsässig. Wir hatten unsere ganze Treiberkunst aufzubieten, um sie zusammenzuhalten – und mit meiner Kunst war es damals noch nicht weit her. George fluchte. Mein Schimmel piaffierte immer aufgeregter. Die Mietpferde ließen keine Gelegenheit aus, hinter einer Düne doch noch zum Stall zurückzuschwenken. Längst rann uns der Schweiß in Strömen über die Haut. Der Staub, den die vor uns trottenden Pferde aufwirbelten, überkrustete unsere Arme und Gesichter, drang in die Nasen und Augen, die wie die Hölle brannten. Endlich tauchte in der Ferne der Leuchtturm "de la Gacholle" auf. Aber noch mehr als eine Stunde verging, bis wir nach Nordosten

auf ihn abbiegen konnten, um quer über den Meerdamm auf die Steppe zu gelangen. Der Leuchtturmwärter hatte uns wohl von weitem kommen gesehen und war vor die Türe getreten. Nun hob er die Arme und schrie: "Mensch, beeilt euch doch, in einer Stunde kommt ihr nicht mehr weiter!". Er wies auf die schwarze Wolkenwand im Westen und schrie immer lauter: "Beeilt euch! Los! Ihr seid verrückt, vor dem Gewitter aufzubrechen!" – Sich beeilen! Der Mann hatte gut reden! Beim Kreuzen des Meerdammes, nur drei Schritte von ihm entfernt, brachen die Pferde plötzlich erneut nach Westen aus, und wir verloren nochmals zehn Minuten, bevor wieder alle beisammen waren.
Die tiefschwarze Mauer im Nordwesten wuchs mit unheimlicher Geschwindigkeit. Bremsen, Stechfliegen und Mücken umschwärmten uns als ganze Wolken und setzten den Pferden hart zu. Wir zündeten eine Zigarette an der anderen an. Das Geschmeiß schien sich am Rauch weiter nicht zu stören. Da wichen die Schimmel vor uns plötzlich, wie auf Befehl, nach Süden ab. George schrie: "Laß sie gewähren! Hier ist der Boden faul!" Dann benützten sie die Wendung, um ein letztes Mal in Richtung Saintes Maries de la Mer durchzubrennen. Wir setzten ihnen sogleich nach, gerieten dabei auf eine ausgetrocknete Frühlingsweide der Stiere, und ich dankte einmal mehr dem Himmel, ein Camargue-Pferd unter dem Sattel zu haben. Denn da, wo sich die Rinder drängen, solange der Lehmboden unter Wasser liegt, hinterläßt jede einzelne Klaue ein gut zwanzig Zentimeter tiefes Loch. Die nachfolgenden Stiere versuchen ihrerseits, stets in die bereits vorgebohrten Löcher zu treten und vergrößern sie dadurch, so daß der Grund schließlich nur noch aus Löchern und Schollen besteht, die der Mistral und die Sonne steinhart brennen, sowie das Winterwasser verdunstet ist. Die Camargue-Pferde fliegen normalerweise in voller Karriere über solche Schollenfelder hinweg, während sich egal welches andere Pferd dabei meistens schon nach dem dritten Galoppsprung mindestens ein Gelenk verrenkt, wenn nicht sogar bricht.

Endlich hatten wir unsere Schimmel wieder in der Gewalt und zurück in nordöstliche Richtung gebracht. Der Boden war hier verhältnismäßig dicht mit kniehohen Salicornien bestanden. Die Pferde folgten im Gänsemarsch den scholligen Pfaden, welche die Stiere in den Grund getrampelt hatten. Sie glänzten schweißnaß, trabten unlustig unregelmäßig und rissen dennoch bei jedem Blitz und jedem Donnerschlag erneut, wenn nun auch nach vorwärts, aus. Oft vermochten wir sie kaum mehr zu bremsen. Da erfaßte uns unvermittelt der Gewitterwind, der einen im Rhônedelta oft als ein mehr oder weniger spitzer Saugkreisel nahezu aus dem Sattel hebt. Die Pferde stoben erneut davon. Diesmal ritt sie unverkennbar die Angst. Wir versuchten, ihnen, so gut es ging, an der Seite zu bleiben und sie zu beruhigen: Hohooo, Gabian, hohooo, lou Gris, hohooo! Dann hatten wir wohl sechs Kilometer in rasendem Galopp zurückgelegt und bekamen die Schimmel wieder unter Kontrolle, als sie eben das Tama-

riskendickicht des Pèbre erreichten und hier urplötzlich eng zusammengedrängt von selbst anhielten.
George und ich ließen uns aus den Sätteln gleiten, schnappten die beiden frischesten Pferde aus dem Pulk, sattelten die unseren ab, die beiden anderen auf und schlugen uns dabei pausenlos mit den Mücken und Bremsen. Wir hatten noch nicht wieder aufgezäumt, als der Pferdetrupp von sich aus weiterdrängte. Um uns war es Nacht geworden, obwohl es erst halb fünf Uhr war. Dreihundert Meter hinter uns prasselte die Sintflut auf die Steppe, und ich begann zu verstehen, weshalb mein Patron und der Leuchtturmwärter befürchtet hatten, wir würden den Pèbre hier nie mit allen Pferden erreichen, ließen wir uns nur vom Gewitter draußen überraschen. In Sekundenschnelle verwandelte sich die Steppe in eine einzige Rutschbahn: der Lehmboden selbst blieb hart, die Salzkruste und der Staub jedoch gab mit dem Wasser zusammen eine Schmiere ab, der selbst Camargue-Pferde nicht gewachsen sind. – Das Gewitter hatte uns eingeholt. In kaum einer Minute waren wir bis auf die Haut durchnäßt, und kein Anorak der Welt hätte uns vor den Fluten schützen können, die von sämtlichen Seiten zugleich und selbst vom Boden her auf uns einstürzten. Unseren Tabak, das Zigarettenpapier und die Feuerzeuge hatten wir schon beim Umsatteln in den glänzend geschützten Satteltaschen eingeschnürt. Als wir das Rauchzeug eine halbe Stunde später wieder hervorholten, hatten wir es dennoch zuerst einmal gründlich auszuwringen.
Der Bogen um das Ostende des Vaccarès herum war geschafft. Wir trabten nach Nordwesten weiter. Das Gewitter hatte sich ebenso plötzlich verzogen, wie es uns eingeholt hatte. Die Pferde trotteten mit hängenden Schädeln und schlappen Ohren, und immer häufiger hatten wir die Treiberstöcke zu schwingen. Endlich wurde es wieder etwas heller. Als wir jedoch eben das Nordufer des Vaccarès erreichten, schlug aus dem nahezu heiteren Himmel ein letzter Blitz kaum fünf Meter neben den Pferden ins Wasser. Noch im selben Augenblick stoben sie davon: Zwei nach rückwärts, drei über eine fremde Weide nach Norden, die übrigen dem Ufer entlang vorwärts... und erneut galt es, ihnen nachzujagen, sie zurückzubringen und weiter nach Nordwesten zu treiben...
Wir erreichten das Gehöft, wo wir die Pferde abzuliefern hatten, gegen acht Uhr abends. Der Patron war nicht da und konnte uns nicht, wie vorgesehen, nach Saintes Maries de la Mer zurückbringen. Mir war dies, als ich davon hörte, so gleichgültig, als hätte ich die Botschaft nicht verstanden. Ein Gardian lud uns zum Pastis ein. Sowie ich mich jedoch in seiner Hütte neben dem Kaminfeuer zum Trocknen niedergelassen hatte, schlief ich auch schon ein. – Erst Tage später wurde mir nach und nach bewußt, daß mich die Steppe am Südende des Vaccarès irgendwie gefangenhielt. Wir hatten zwischem dem "Far de la Ga-

Zigeuner-Mutter und -Kind in der Krypta der Heiligen Sarah in Saintes Maries de la Mer

cholle" und dem "Pèbre" weiß Gott keinen Augenblick Muße gehabt, uns die Gegend anzusehen oder uns auch nur die Passagen, die faulen Böden oder die tragenden einzuprägen. Dennoch sah ich, wann immer ich an den Ritt zurückdachte und selbst in meinen Träumen, die Steppe mit allen Einzelheiten klar vor mir, als hätte ich sie schon ein Dutzend Male überquert. Und je länger ich jeweils an sie zurückdachte, desto mächtiger zog es mich zu ihr zurück. Im letzten Herbst meines Camargue-Aufenthaltes ritt ich fünf- oder sechsmal zum Pèbre, scheinbar ziellos bizarren Launen folgend. Jedesmal kam ich mit noch größerer Lust zurück, so bald wie möglich erneut hinauszureiten. Heute weiche ich ihr hingegen aus; wer weiß, was inzwischen aus ihr geworden ist?
Camargue, Land der Luftspiegelungen, Land unter einem Himmel, wie es weiteren und tieferen wohl nirgendwo gibt, Land der silbernen Steppen und Salzwüsten, der blutbraunen Sümpfe und Salzseen, Land der Kampfstier- und Schimmelherden: Traumland, das Träumer in die Irre oder ins nächste Fließsandloch lockt; Wirklichkeit, die auf die Wirklichkeit unserer Tage keine Antwort weiß – Insel am Rande, das ist: zwischen den Welten... Camargo!

oben: Überflutete Salzsteppe im Winter
unten: Flugaufnahme des Städtchens Aigues-Mortes im Westen der Kleinen Camargue

Die Pferde

Ursprung und Evolution

Über den tatsächlichen Ursprung des Camargue-Pferdes streiten sich die Gelehrten seit nahezu einhundert Jahren. Fest scheint heute allein zu stehen, daß die noch reinrassigen Camargue-Schimmel

1. die letzten und einzigen Nachfahren eines Solutrée-Pferdes sind,
2. einen rassisch in keine andere Kategorie passenden, originellen Schlag darstellen,
3. ihr Überleben allein dem Umstand verdanken, daß die Camargue Jahrtausende lang ein fast unzugängliches, von der übrigen Welt abgesondertes Gebiet war.

Woher indessen die Solutrée-Pferde stammten, inwieweit sich das Camargue-Blut mit dem der arabischen und Berber-Pferde erst der Römer, dann der Sarazenen und Kreuzritter vermischt hat, welchen Einfluß der Salzgehalt der Pflanzen und das Camargue-Wasser auf die Entwicklung der Schimmel hatten – darüber lassen sich heute bestenfalls Mutmaßungen anstellen, wenn teilweise auch wissenschaftlich fundierte Mutmaßungen.
Henri Aubanel, der Schwiegersohn des Marquis de Baroncelli-Javon und Manadier (Herdenbesitzer) in Saintes Maries de la Mer, hat sich der Mühe unterzogen, sämtliche heute gültigen Abstammungstheorien zu sammeln und zu publizieren: teils in seinem Buch *Die weißen Pferde der Camargue* (Albert Müller Verlag, Zürich, Stuttgart, Wien 1963), teils in einer Artikel-Serie *Les Chevaux Sauvages de la Camargue* (L'Information Hippique 9. Jahrgang, Nr. 98/99, Neuilly-sur-Seine 1965). Diesen und anderen Hypothesen zufolge ist das kaum hundegroße, hinten überhöhte Eozänpferdchen, das vorn auf vier und hinten auf drei Zehen ging und noch kein reiner Vegetarier war, der Urahn sämtlicher Equiden (Pferde, Esel, Zebras). Aus dem Eozänpferdchen entwickelte sich im Laufe der Jahrmillionen sowohl in Amerika als auch in Eurasien und Afrika eine Vielzahl verschiedener Equiden-Gattungen. Im Altpaläolithikum, also vor rund 300 000 Jahren, scheinen Wildpferdeherden auch bereits in unseren Breiten gelebt zu haben. Doch verschiedenen Forschern nach sollen sie hier während der Eiszeiten mehrmals ausgestorben sein und schließlich nur dank der Land- und Eisbrücke der Beringstraße, über die immer wieder amerikanische Urpferde nach Eurasien gelangten, als Gattung überlebt haben. "In extremis", könnte man hinzufügen, denn nach der letzten großen Pferde-Immigration starben die Equiden auch in Amerika aus. – Daß die Hauptrassen des eurasischen Pferdes ihrerseits nicht ebenfalls ausgestorben sind, soll letztlich dem Menschen zuzuschreiben sein. Tatsächlich müssen bereits zur Zeit, da der Steinzeitmensch die Wildpferde noch vorwiegend als Fleischlieferanten jagte, vereinzelt bereits Stuten und Fohlen zu Tragtieren abgerichtet worden sein. Und je wertvoller sie sich für

den Jäger erwiesen, desto wirksamer sorgte er sich in der Folge um ihr Überleben.

Die Zoologen und Paläontologen unterscheiden gegenwärtig zwischen drei eurasischen Urpferd-Rassen; zwischen

1. dem Tarpan oder Steppen-Tarpan, dem schlankgliederigen, trockenen, rund 125 Zentimeter hohen Ahnen der arabischen Pferde, der osteuropäischen Koniks und Panjes – Merkmal: konkaves Schädelprofil,
2. dem Wald-Tarpan oder Przewalski-Pferd, einem schwereren und etwas größeren Schlag, das heißt dem Ahnen der meisten Ponyrassen, der Mongolen- und ungarischen, chinesischen und japanischen Pferde, deren Merkmal oft die Ramsnase ist,
3. dem Diluvialpferd oder "Kaltblut", dem einst in den west- und mitteleupäischen Urwäldern lebenden kurzen, großen, rundlichen Pferd von großer Kraft und Ausdauer, jedoch geringer Schnelligkeit, dem Ahnen der meisten Ritter-, Schritt- und Zugpferde.

Welcher dieser drei Ahnen-Rassen ist das Camargue-Pferd zuzuordnen? – Nach den von Henri Aubanel zitierten osteometrischen Vergleichen Professor Bressous lassen zwei Indizien das Camargue-Pferd mit dem Araber (also Tarpan) verwandt erscheinen, fünf mit dem Przewalski-Pferd, drei weitere unterscheiden den "Camarguais" grundlegend von allen domestizierten europäischen Pferden, und "eine beachtliche Zahl" (H. Aubanel) Indizien scheint sogar ausschließlich für das Camargue-Pferd typisch zu sein.

Aus diesem denkbar widersprüchlichen Ergebnis folgert Henri Aubanel letzten Endes dennoch, die "weißen Pferde der Camargue" stammten vom Tarpan, genauer: vom Steppentarpan ab. Er zitiert dazu zwei Forscher, deren Ansichten seine Hypothese zu stützen scheinen. Der eine führt den Camarguais auf den *Equus caballus gmelini* Antonius zurück, der andere auf den *Equus caballus robustus* Nehring. – Ich kann und will hier in die wissenschaftliche Auseinandersetzung nicht eingreifen. Ich weiß nur, daß der Streit um die Abstammung im Rhônedelta selbst nur wenige wissenschaftliche Gründe hat. Gelingt es nämlich, den Camarguais einwandfrei auf den Steppentarpan, das heißt auf die Ahnen der arabischen Pferde zurückzuführen, so werden die hiesigen Schimmel von einem Tag auf den anderen "Vollblüter" und die bisher arabischem und Berberblut zugeschriebenen Merkmale zu authentischen Rassezeichen. Es geht hier somit mehr um die Reinheit, den Blutadel und den züchterischen Wert der Camargue-Pferde als um ein abschließendes, der Wirklichkeit entsprechendes wissenschaftliches Urteil.

Gegen die Abstammung vom Tarpan und für die Verwandtschaft mit dem Przewalski-Pferd spricht – abgesehen von den osteometrischen Messungen an modernen Camargue-Pferden – eine ganze Reihe Knochenfunde bei Arles, bei Saintes Maries de la Mer und im Vaccarès, die alle längsgespaltene Pferdeknochen mit Silex-Messern, Menschenschädeln und Feuerresten zusammen zutage gefördert haben und so nicht nur authentische Röhrbein-Vergleiche, sondern auch Datierungen möglich machten. Ihnen zufolge lebten schon im Jung-Paläolithikum (zwischen vierzigtausend und zwanzigtausend Jahre vor Christus) dem heutigen Camargue-Pferd ähnliche Wildpferde und Neandertaler Menschen zusammen im Stromdelta. Die Höhlenmaler von Niaux bei Tarascon-en-Ariège (30 000–20 000 v.Chr.), Lascaux (20 000–10 000 v.Chr.), Eyzies und Portel hielten überdies das Exterieur der damaligen Wildpferde Südfrankreichs erstaunlich genau fest. Vergleicht man verschiedene ihrer Darstellungen mit dem heutigen Camargue-Pferd, so ist über die Verwandtschaft der beiden Pferdetypen nicht mehr hinwegzusehen. Dies nun gibt auch Henri Aubanel zu und erklärt darauf den gesamten damaligen Wildpferdebestand kurzerhand zu Tarpanen.

Jahrelang wußte ich dagegen nicht viel einzuwenden, obwohl ich ein ungutes Gefühl bei dem Gedanken hatte, das Camargue-Pferd müsse vom Tarpan abstammen. Versuchte ich nämlich in Gedanken, die Entwicklungsgeschichte zurückzuverfolgen und mir vorzustellen, wie sowohl die Ahnen des heutigen Arabers, als auch die des Camargue-Pferdes vor zwanzigtausend Jahren ausgesehen hatten, so tauchten, wie immer ich auch Fremdblut- und Klimaeinflüsse einbezog, zwei grundverschiedene Pferdetypen vor mir auf: ein feingliederiger Tarpan mit langer, fallender Mähne, einem hochangesetzten "Fasanen-Schweif" und dem trockenen, konkaven Schädelprofil und ein bärbeißigerer, massigerer Ahne des Camargue-Pferdes mit einer struppigen, stehenden Mähne, einem struppigen breiten und tieferen Schweifansatz und einer fliehenden Nasenpartie, die seinem an sich geraden Schädelprofil ein konvexes Aussehen verlieh. Die Höhlenmaler hatten eindeutig solche Camargue-Pferde-Ahnen gemalt. Weshalb aber hielten manche Hippologen diese für Tarpane? Irgendwo stimmte etwas nicht. Ich suchte sämtliche Pferdedarstellungen von Höhlenmalern aus meiner Bilderkiste und verglich sie miteinander. Dabei entdeckte ich unversehens, daß scheinbar ja auch die Höhlenmaler peinlich genau zwischen zwei Pferdetypen unterschieden hatten. Die meisten Schwarzweiß-Zeichnungen, die zwischen 30 000 und 20 000 vor Christus entstanden waren, erwiesen sich, wie der Wildpferd-Kopf aus Niaux (Tafel VII, Bild 12) als Darstellungen von Przewalski-Pferden, während verschiedene mehrfarbige Malereien aus der Zeit zwischen 20 000 und 10 000 v. Chr. deutlich auf den feineren, edeleren Tarpan verwiesen. Die "Verfeinerung" des Pferdetyps konnte nun jedoch auch nur auf der Verfeinerung des Malerauges und der Maltechnik beruhen. Ich suchte weiter. Die Klärung des Problems brachten schließlich die Pferdebilder in der Höhle von Lascaux (20 000 – 10 000 v. Chr.). Hier hielten die Höhlenmaler tatsächlich in derselben Periode beide Pferdetypen fest: einen 1,90 m langen Tarpan mit langer, dunkler Mähne und einem kleinen, edlen Kopf und ein 1,50 m langes Przewalski-Pferd mit einem gedrungeneren, deutlich schwereren Körper, einem tieferen Schweifansatz und einer stehenden struppigen Mähne, das – weil wohl massiger und langsamer – zur Jagdbeute ausersehen war.

Heute, nach einer Reihe verschiedener Prüfungen meiner Hypothese, bin ich davon überzeugt, daß das Camargue-Pferd tatsächlich, wie von Henri Aubanel angenommen, mit dem Solutrée-Pferd (Solutréen ca. 40 000 – 20 000 v. Chr.) verwandt, ja wohl sein direkter Nachkomme ist; daß dieses Solutrée-Pferd aber keinen Tarpan, sondern ein Przewalski-Pferd darstellte. Der Tarpan wanderte vermutlich erst im Spätmagdalénien nach Südfrankreich ein und hielt sich hier wohl nur kurze Zeit oder in sehr geringer Stärke auf. Die arabischen und berber Rassenmerkmale, welche dem Camargue-Pferd oft geradezu hervorragend stehen, sind somit kaum auf den Tarpan, vielmehr zu mindestens 90 Prozent auf spätere Kreuzungen zurückzuführen. – Ich kenne die Argumente, die man immer wieder gegen diese Hypothese aufführt: die Berber-Pferde (der einstigen römischen Legionen) verfügten nur über fünf Lendenwirbel, das Camargue-Pferd aber über sechs; die Araber- und Berberhengste (weiland der Horden des Jussuf ibn Abderama, der Sarazenen und Kreuzritter) ertrugen das Sumpfklima der Camargue kaum und wurden überdies stets von den Leithengsten der einheimischen Herden umgebracht. – Aber ich weiß auch, was ein potenter Hengst in nur einem Frühling unter den Stuten anrichten kann, besonders wenn er, wie die Araber und Berber, fuchsschlau zuwege geht.

Als wissenschaftlich unwidersprochen kann somit heute allein die Tatsache gelten, daß es in der Camargue seit rund dreißigtausend Jahren ununterbrochen Pferde gibt und daß – wie der Marquis de Baroncelli annahm – zusätzlich ein Teil der zu Beginn des Mesolithikums (vor etwa 14 000 Jahren) aus Nordwesteuropa auswandernden Urrinder und Solutréepferde sich, der Sonne folgend, in Spanien und in der Camargue niedergelassen hat. Die Frage jedoch, ob es ihr Blut ist oder das der schon viel länger hier anwesenden Pferde, welches im heutigen Camarguais vorherrscht – diese Frage ist längst nicht mehr zu klären.

Ein anderes, immer wieder vor allem von Fremden aufgeworfenes Problem läßt sich indessen eindeutig klären: Ist der Camarguais ein Pony oder ein Pferd? – Nach einer internationalen Abmachung sollen sämtliche Pferde, die weniger als 147,3 Zentimeter Stockmaß aufweisen, als Ponys gelten; alle größeren Tiere als Pferde. Hätte es damit seine Richtigkeit, so wäre der Camarguais zweifellos ein Pony. Das ist er aber nicht.

Die meisten Ponys, wir haben es bereits kurz gesehen, sind zwar, wie das Camargue-Pferd, Nachkommen des Przewalski-Pferdes, doch verdanken sie ihre oft minimale Größe einer umweltbedingten Regression, welche das Camargue-Pferd nie mitgemacht hat. Tatsächlich besaß das Przewalski-Pferd im Solutrée um 1,30 m Stockmaß. Fand es darauf im Rhônedelta auch ähnlich karge Böden vor wie seine Vettern in Island, auf den Shetland-Inseln, in Schottland und in

oben: Solutrée-Pferd: Höhlenzeichnung in Niaux 30 000–20 000 v. Chr.
unten: Junges Camargue-Pferd

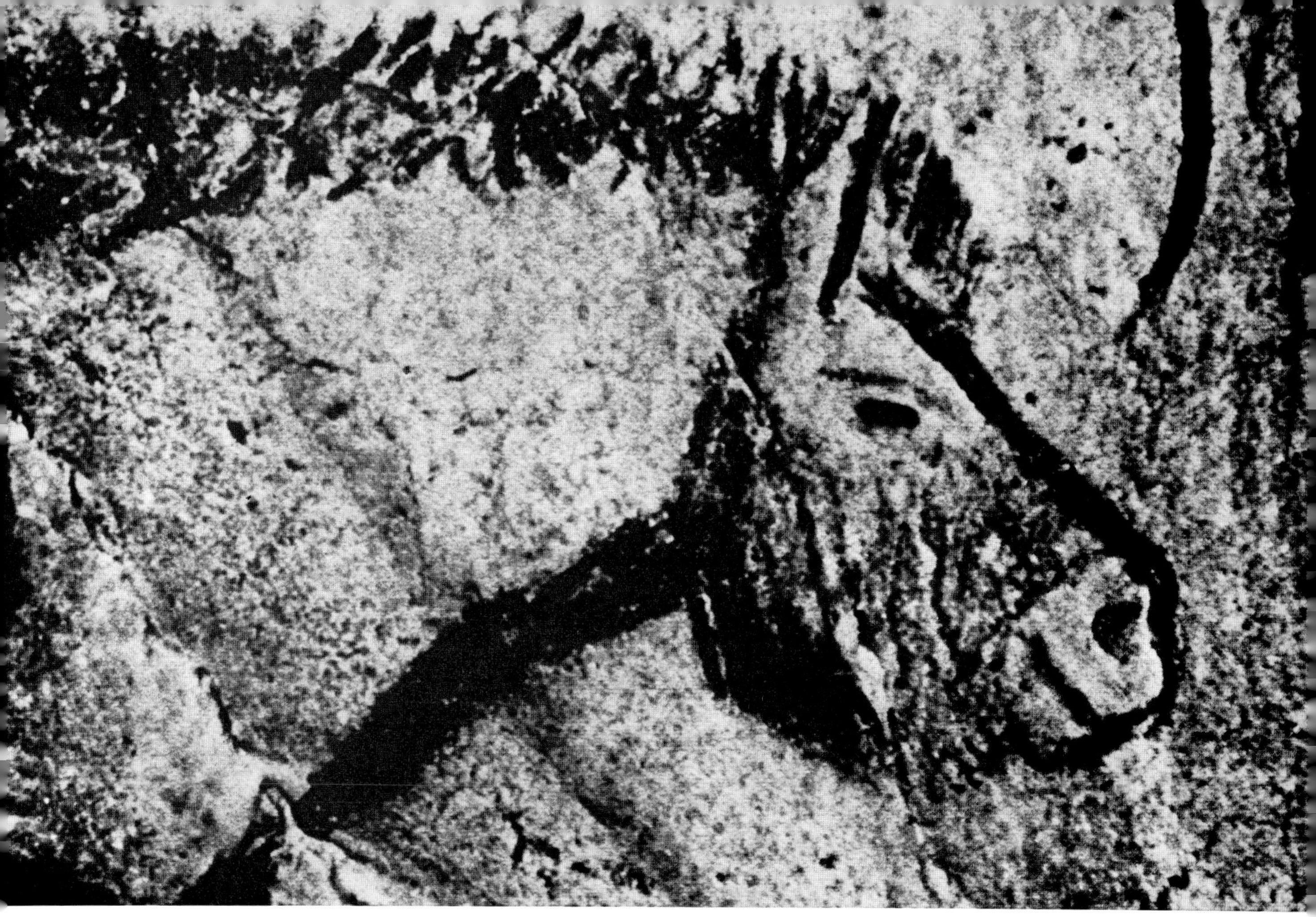

Irland, so sorgten doch die Überschwemmungen der Rhône hier kurzfristig immer wieder für geradezu fette Weiden. Es entwickelte sich somit nie zurück, sondern nahm im Laufe der Jahrtausende allmählich an Größe zu, wenn auch nicht so schnell, wie seine anderen Vettern in der Puszta Ungarns.
Eine zweite Unterscheidung zwischen Ponys und Pferden vermittelt die Tragweise des Halses und Kopfes. Ist die senkrechte Kopfhaltung (ein Zeichen unter anderen des "an den Hilfen Stehens" bei der Dressurarbeit) den meisten fehlerfreien Pferden von der Natur verliehen, so mußte sie dem Pony in der Regel erst lange und mühsam angearbeitet werden, weil es seinen Hals und Kopf normalerweise hoch trägt. Das Camargue-Pferd verhält sich in diesem Fall wie jedes andere Großpferd.
Die Schimmel der Camargue sind somit eindeutig Pferde, wenn ihre Gesundheit, ihr Charakter und ihre Ausdauer sie auch als sogenannte "Primitiv-Pferde" ausweisen und damit dem Pony verwandt erscheinen lassen. Ja, ich halte es nicht für ausgeschlossen, daß die Römer gerade die "Pony-Eigenschaften" an ihm besonders schätzten, als sie in der Camargue Zirkus- und Kavalleriepferde zu züchten begannen. Bedenkt man nämlich, daß der Camarguais zur Zeit der Römer kaum viel größer als 1,30 m gewesen sein dürfte, so fragt man sich unwillkürlich, weshalb sie sich für ihn interessierten. Ihre Soldaten schlugen sich vor allem mit Reitern aus Mittel- und Osteuropa auf verhältnismäßig großen Pferden. Was konnte sie also dazu bewegen, ihren Numiden, den ofterprobten Berberpferden, das Blut einer kleineren Rasse einzukreuzen, wenn sie es nicht hauptsächlich auf die Genügsamkeit, Gesundheit und Ausdauer der Camarguais abgesehen hatten?
Daß die römischen Berberpferde Zuschüsse von Camargue-Blut mindestens hier, im Rhônedelta, erhielten, scheint heute festzustehen. Wieviel oder wiewenig Berberblut sich indessen umgekehrt mit dem der wilden Herden auf der Insel vermischt hat, wissen wir nicht. Als Tatsache gilt nämlich, daß alte eigenständige Tierrassen – unterhält man nicht ständig den Zuschuß fremden Blutes – die fremden Eigenschaften allmählich wieder verlieren (um nicht zu sagen: ausschwitzen!). Das Camargue-Pferd hat zweifellos mindestens die Zeit und Möglichkeit gehabt, viele für das Berberblut typische Merkmale wieder zu verlieren. Geblieben ist ihm aber – ebenso zweifellos – seine hervorragende Eignung zur Kreuzung mit orientalischem Blut, was im 19. Jahrhundert eine ganze Reihe Herdenbesitzer bewog, erneut Blutmischungen auszuprobieren.
Dem Marquis de Baroncelli zufolge war es der Marquis de Boisviel, der als erster einen Berberhengst ankaufte, um diesen seine Camargue-Stuten decken zu lassen. Die Produkte dieser Kreuzung wurden zu Ahnen der "Pferde von Frigoulès", die teils fuchsfarben, teils Rotschimmel sind, und der – als bösartig ver-

Pferde-Herde beim Durchqueren eines Dorfes der Kleinen Camargue

schrienen – "schwarzen Pferde Lescots"; somit zweier Schläge der Camargue-Pferde, die noch heute zum gleichen Zweck gezüchtet werden wie alle übrigen, sich aber durch ihre Farben vom eigentlichen Camargue-Pferd unterscheiden.
Neben der Frigoulès- und Lescot-Rasse verdient besonders die des Marquis de Baroncelli erwähnt zu werden. Lou Marquès (provenzalisch "der Marquis") blieb lange Jahre der einzige Manadier, dessen Zuchtziel vornehmlich die Erhaltung der Rassenreinheit war. Ein großer Teil aller in die Legende eingegangenen Camargue-Pferde stammte denn auch aus seiner Zucht "lou Simbèu", die sein Enkel Pierre Aubanel teilweise weiterführt. Die Rasse "de l'Amarée" Herrn de Montauts – teilweise mit Zuchtpferden des Marquis konstituiert – erreichte ihr Zuchtziel Ende der Vierzigerjahre und produzierte damals kleine, breite, kurze, sehr reinrassige Pferde mit viel Blut, deren Stuten störrisch wie Maulesel sein konnten. Die Rasse der "Thibauts" zeichnete sich ebenfalls durch hohe Reinheit, sehr viel Blut, den stark ausgeprägten Charakter, dabei aber viel Verläßlichkeit aus. Ihre Vertreter besaßen und besitzen oft jene hellen Hautflecken am Kopf und die weißen Hufe, die auf die züchterischen Bemühungen der päpstlichen Herdenverwalter zurückgehen sollen. Eben erreicht heute die Rasse "Jan Bounias" ihr Zuchtziel und bringt homogene, verhältnismäßig kleine Pferde mit breiter und tiefer Brust, kurzem Rücken und mächtigen Schädeln, intelligenten Augen und eher zuviel, als zuwenig Blut hervor. Die "Jalaberts" sind dagegen relativ große, sehr kräftige Pferde von reinem Blut und viel Temperament. Die "Puigs" sind ein vom Exterieur her sehr hübscher und homogener Schlag, der für seine Gutmütigkeit, leider aber auch für die unterschiedliche Qualität seiner Vertreter bekannt ist. Die "Albert Espellys" sind feingliederige Pferde mit viel Eleganz, jedoch manchmal für Camargue-Pferde etwas zuviel Leere unter dem Leib. "Marcel Mailhan" bringt große, etwas schwere, jedoch gutmütige Pferde von oft unterschiedlicher Qualität hervor.
Während meiner Gardian-Lehre ritt ich von Zeit zu Zeit ein reinblütiges Camargue-Pferd, das etwa zehn Zentimeter mehr Stockmaß besaß, als die übrigen Wallache und Hengste. Der Patron erklärte mir damals, dieser "Riese" (Stockmaß ungefähr 1,50 m) entstamme der nicht mehr fortgeführten Zucht des "Mas d'Icard", die einst die Camargue mit Karrengäulen und Feldarbeitspferden versorgt habe. Baccarin – so hieß der Schimmel – besaß aber so viel Temperament, Schnelligkeit und Ausdauer, daß ich ihn mir nur schwer an der Deichsel oder vor dem Pflug vorstellen konnte. Heute, da man dem Camargue-Pferd gern eine höhere Sattellage verleihen würde, ist der "Mas d'Icard-Typ", der die gewünschte Größe mit vollendeter Harmonie paarte, leider ausgestorben. Aber ist das Aussterben nicht das Schicksal aller Camargue-Pferde-Rassen? – Manche befürchten es. Ich, meinerseits, erhoffe viel – vielleicht zuviel – von dem 1968 eröffneten Stutbuch der Camargue-Rasse und dem Patronat des staatlichen Gestüts von Tarbes.
Nachdem die Römer aus den Camargue-Schimmeln Zirkuspferde und Remon-

ten-Produzenten, die Päpste von Avignon Zugpferde, Reit- und Tragtiere für kirchliche Würdenträger hatten machen wollen, verwandten die Insel-Bewohner ihre Stuten Jahrhunderte lang vor allem zum Dreschen des im Norden des Deltas angebauten Korns.
Vor den Gehöften der Ackerbauern gab es damals noch jene kreisrunden oder ovalen, mit Steinplatten oder Kopfsteinen ausgepflasterten, meist durch Mauern abgegrenzten Dreschplätze, auf denen die Garben aufrecht zusammengeschoben wurden. Der Bauer hatte sich in der Regel seit langem die Hilfe eines Gardians und einer kleinen Herde von zehn bis sechzehn Stuten oder – seltener – Wallachen gesichert. Nun wurden die Tiere paarweise aneinandergebunden, mit Maulkörben versehen und in das Rund zwischen die Garben gebracht. Der Gardian setzte sich auf einen in der Kreismitte aufgebauten steinernen Sockel und hielt sie von früh bis spät an der Longe mit der Geisel im Trab. Staubwolken erhoben sich hoch über das Gehöft. Die scharfen Ränder und Enden der gebrochenen Halme ritzten und kratzten an den Gelenken der Pferde, so daß diese meistens schon am dritten oder vierten Tag die Köten, Vorderfußwurzeln, Sprunggelenke, ja selbst die Ellbogen und Kniescheiben wundgescheuert hatten. Waren die Ähren um die Mittagszeit fertig ausgedroschen, so wurden die Schimmel kurz an die Tränke entlassen, während der Gardian und der Bauer das Stroh aus dem Dreschrund räumten, um dieses sogleich wieder mit neuen Garben zu bestücken. Und weiter ging es im Trab, Tag für Tag, oft vier bis sechs Wochen lang. Gérard Gadiot zufolge legten die Stuten damals leicht achtzig bis neunzig Kilometer täglich im Trab zurück. Am Abend wurden sie auf die sommerlich ausgedörrte Weide geschickt und am nächsten Morgen bei Sonnenaufgang wieder eingefangen. Ihr Besitzer, der Manadier, erhielt um 1850 einen Hektoliter ausgedroschener Körner pro Tag und eingesetztes Pferd, was recht ansehnliche Summen ausgemacht haben muß. Die schönste und schwerste Garbe der Ernte wurde stets als letzte unter die Hufe der Stuten geworfen und mit dem rituellen Opfer eines weißen Hahns gefeiert, dessen Blut den "Geist des Weizens" auszusöhnen hatte.
Mit der Mechanisierung des Dreschens verlor sich die Sitte des "Dépiquage" in der Camargue. "Zum Wohl der Pferde" mögen damals viele Gardians gedacht haben. Doch nun fehlte den Manadiers plötzlich der lukrative Vorwand für die Haltung großer Stutenherden. Die Folge war, daß der Pferdebestand weiter und weiter absank. Nach Quiquéran de Beaujeu soll es im Jahre 1550 rund 4 000 Stuten auf der Insel gegeben haben. Nach de la Lauzière waren es 1807 noch 3 511. Poulle zählte 1827 rund 2 000, Pader 1890 genau 1 000, und nach D'Elly blieben 1927 noch gerade 400 übrig. Bis heute hat sich diese Zahl nur leicht nach oben verändert, was auf einen Gesamtbestand von etwa 600 Zuchttieren, rund 1 000 Jungpferden und Wallachen, also von 1 600 Camargue-Pferden in Züchterhänden schließen läßt. – Etwa vier- bis fünfhundert Hengste und Wallache schaukeln daneben während der Saison Touristen durch die Camargue

und ihre unmittelbare Umgebung. Rund einhundert männliche Tiere sind speziell dressierte Stierpferde und werden nur von Gardians und Manadiers bei der Arbeit geritten. Die restlichen Reitpferde gehören Pferde- und Stierfreunden, den sogenannten "Amateuren" und Camargue-Pferde-Liebhabern im übrigen Frankreich, in Belgien und in der Schweiz. Ich habe hier zu meiner Überraschung Camargue-Schimmel sogar als Tattersall-, Manegen- und Voltigierpferde angetroffen. Doch ihr idealer Lebensraum ist und bleibt das Rhônedelta, wenn der Ausdruck "ideal" auch auf nichts anderes verweist, als auf ein Land, an dessen Lebensbedingungen dieses Pferd vollkommen angepaßt ist.

So sind seine Hufe breit, flach, wie für den Morast geschaffen, ausnehmend hart und gesund und trotzdem Tastwerkzeuge, die noch die subtilsten Veränderungen der Bodenbeschaffenheit auf der Steppe oder im Sumpf sogleich erkennen. Seine Fesseln sind kurz, die Kötengelenke kräftig und dennoch sehr beweglich, die Röhren kurz und trocken, die Knie- und Sprunggelenke breit und solid, die Vorderarme und Unterschenkel lang und muskulös, die Schultern und Hüften ausladend, breit. Die Brust ist tief, die Mittelhand gedrungen, die Kruppe leicht abfallend, der Schweif nicht allzu hoch angesetzt. Die mittlere Größe des Camargue-Pferdes liegt heute zwischen 1,35 m und 1,40 m Stockmaß (Widerrist) und nie höher als 1,45 m. Seine Haut ist grau bis dunkelgrau, sein Haarkleid bis ins Alter von vier bis neun Jahren erst dunkelgrau, oft mit rotbraunen oder hellgrauen Schattierungen, Stichelhaar oder verschiedenen Abzeichen, und hellt danach jeden Frühling weiter auf, bis zum makellosen Goldweiß im Alter von spätestens zehn Jahren. Im Herbst verdichtet sich die Robe in der Regel um das Winterhaar zu einem mächtigen Pelz von (bei Fohlen) oft sechs und sieben Zentimeter Dicke, was die Tiere zwar zottig und bärbeißig aussehen läßt, sie aber besser gegen den eisigen Mistral schützt als der schönste Stall. Wie wirksam das Winterkleid die Tiere isoliert, kann man ersehen, wenn der Rauhreif oder Schnee im Januar oft bis in die ersten Mittagstunden hinein auf den Kruppen der freiweidenden Pferde liegen bleibt, ohne zu schmelzen.

Krankheiten scheinen dem Camargue-Pferd nahezu unbekannt zu sein. In den Pferdestationen und bei den Manadiers fiel mir schon frühzeitig auf, daß Koliken, Lahmheiten, Streifwunden und Satteldrücke beinahe ausschließlich bei Kreuzungsprodukten oder fremden Tieren – Andalusiern, Berbern, Crau-Pferden – vorkamen, kaum jemals bei reinrassigen Camarguais. Die Mauke beispielsweise, die oft neueingeführte algerische oder tunesische Tiere befiel, habe ich kein einziges Mal an Camargue-Pferden beobachtet, ja, viele Gardians halten sie geradezu für eine typische Berberkrankheit. In den freilebenden Stutenherden lahmt zwar hin und wieder einmal ein Tier, doch handelt es sich dabei meistens um einen in den Hufstrahl eingetretenen Rohrsplitter oder eine Hartgrasspitze,

Camargue-Stute mit neugeborenem Fohlen

nach deren Entfernung das Tier oft sogleich wieder geradegeht. Auch die Augenentzündungen beruhen in der Regel bloß auf Hornhautverletzungen durch Hartgrasspitzen, Tamariskenäste oder geknicktes Schilf. Nur eine einzige, in der Camargue glücklicherweise meistens gutartig verlaufende Krankheit hat am Ende der Fünfzigerjahre den Schimmeln zuzusetzen begonnen: die von den nordafrikanischen Hengsten eingeschleppte "Gourme", ein Sommerhusten mit oft schleimigem Auswurf, der die Tiere empfindlich schwächt. Vor fünf oder sechs Jahren wurde sein Erreger isoliert, so daß die Tiere nun im Frühjahr geimpft werden können, was die Epidemien heute bereits weitgehend ausgerottet hat.

Charakter und Verhalten

Die besonderen Lebensbedingungen des Rhônedeltas, an die sich das Solutrée-Pferd während wenigstens fünfzehntausend Jahren physiologisch angepaßt hat, haben auch seinem Verhalten ihren Stempel aufgedrückt. Das noch überlebende reine Camargue-Blut ist vor allem charakterlich irgendwie "unberührt", jedenfalls von allen übrigen mir bekannten Pferden verschieden, wenn auch keineswegs, wie oft behauptet, unbezähmbar wild. Tatsächlich haben einige Autoren die Schimmel – meistens bewußt – wilder, ungebärdiger, schwerer reitbar beschrieben, als diese es in Wirklichkeit sind; teils weil sie zu verhindern suchten, daß ihnen reiche Leute aus dem Norden die besten Stierpferde wegkaufen; teils wohl auch, um ihre eigenen Reitkünste in ein ansehnlicheres Licht zu rücken. Ist man aber selbst einmal lange mit Camargue-Pferden umgegangen, so fragt man sich schließlich, ob die schreibenden Herren je versucht haben, sich die Gründe für das scheinbar ungebärdige Verhalten ihrer Tiere auch nur bewußt zu machen.

Das Camargue-Pferd, ob Hengst, Wallach oder Stute, ist ein Tier, in dem der Herdeninstinkt nicht ein domestiziertes Überbleibsel aus längst vergangenen Zeiten, sondern eine heute noch täglich neu unter Beweis zu stellende Qualität darstellt. Ob das Pferd schon einmal einen Reiter getragen hat oder bisher von Menschenhand unberührt blieb: den größten Teil seines Lebens verbringt es draußen auf der Steppe oder im Röhricht, wo noch das Gesetz des Stärkeren herrscht, wo der Mensch noch als ein Feind der Fohlen und Stuten gilt, wo die Tücken des Bodens und der Witterung pausenlos neu erspürt werden müssen. Zudem waren schon der Vater, der Großvater, der Urgroßvater des betreffen-

oben: Camargue-Pferde zwischen den Dünen am Strand
unten: Pferde-Gruppe im „Bouveau" (Korral)

den Pferdes – die früheren Leithengste der Herde – die nervlich jeweils am höchsten entwickelten Tiere, und ihre Sensibilität, ihre Unruhe, ihr Verantwortungsgefühl haben sich in ihm vervielfacht. Der Charakter nahezu jedes vierjährigen Camargue-Hengstes ist somit der eines potentiellen Herdenführers. Bietet man ihm die Gelegenheit, sich mit seinem Vater anzulegen, so wird er zwar auch seine Gewandtheit, vor allem aber seine Intelligenz einsetzen, denn im Kampf der Hengste entscheiden nicht die brutalen, rein physischen Kräfte, sondern die Schnelligkeit des Reagierens, die nervliche Ausdauer, der Mut und die Fähigkeit, des Gegners Blößen auszumachen und zu benützen.
Und so, wie der Junghengst die Führung der Herde zu erstreiten versucht, so kämpft er auch mit dem Gardian, der ihn einfängt und zuzureiten versucht: Gewiß bockt er sich dabei beinahe das Herz aus dem Leib, aber gefährlicher noch und schwieriger zu parieren sind seine Kriegslisten, seine Finten und die Sicherheit, mit der er das leiseste Nachlassen der Konzentration und der Vorsicht des Reiters auszunützen versteht. Der Camargue-Junghengst ist ein potentieller Herdenkönig, und als solcher läßt er sich durch rohe Kraft allein oder andere, wenig loyale Erfindungen des Menschenwitzes niemals unterwerfen. Ein König gibt sich freiwillig gefangen – etwa, weil er Vertrauen zum Zureiter gefaßt hat –, oder er kämpft um seine Freiheit, bis er sie vollständig wiedergewonnen hat; es sei denn, er ist dabei zusammengebrochen.
Das Vertrauen ist demnach alles bei der Dressur und mehr noch als alles. Denn im Rhônedelta geht es ja nicht nur darum, sich ein Pferd gefügsam zu machen, vielmehr vor allem darum, einen Partner für die Arbeit in den Stierherden zu gewinnen, dessen Instinkt und Arbeitsfreude oft wichtiger als das Können des Gardians ist. Wie wahr dieser auf der Insel als Binsenwahrheit geltende Satz in Wirklichkeit ist, erfuhr ich, als mir mein Patron zum ersten Mal befahl, ein Rind allein aus seiner Herde auszusondern.
Ich ritt damals seit ungefähr sechs Monaten mein eigenes Stierpferd, einen kleinen, makellosen Schimmel mit viel Blut. Obgleich er von dem tödlich verunglückten Sohn eines Manadiers sowohl zugeritten als auch zur Arbeit mit den Stieren abgerichtet worden war, obwohl er also ein sehr "persönliches", niemals von anderen Reitern gerittenes Pferd war, das sich mir erst nach einem harten Kampf ergeben hatte, waren wir schließlich doch glänzende Freunde geworden, und ich brannte darauf, mit meinem "Dur" zu zeigen, was ich bereits gelernt hatte. Nun kam also der große Augenblick. Vor uns wogte die hundertfünfzigköpfige blauschwarze Kampfstierherde in der Korral-Ecke durcheinander. Der Manadier wies auf einen Stier am Herdenrand: "Siehst du dort Courtet; ja, den Bullen mit den etwas kürzeren Hörnern? Los, hol' ihn heraus!" Ich ritt im Schritt zwischen die schwarzen Leiber, den Blick unablässig zwischen den Ohren des mir bezeichneten Stiers. Plötzlich merkte er, daß ich es auf ihn abgesehen hatte, schlug einen Haken und noch einen, die ich nachvollzog, drängte einen Jährling zur Seite, dessen Mutter zwei Schritte auf mich zu machte und

die Hörner senkte. Ich brüllte sie an und fuchtelte mit meinem Hüterstock über die vor mir weichenden Rinder hinweg, — da schob sie auch schon ihr Kalb vor sich her fort, in die Herdenmitte. — Zum Teufel! Mittlerweile hatte ich Courtet, den Stier, aus den Augen verloren. Ich wollte Dur anhalten, um den Bullen neu ausfindig zu machen. Der Schimmel warf den Schädel einmal hoch und stapfte unverdrossen weiter, kurz nach links, dann wieder geradeaus, und ich begann zu schwitzen, weil ich an das Donnerwetter des Patrons und die Schadenfreude der Gardians dachte. Ich mußte Courtet finden, um jeden Preis! Doch rund um mich herum trotteten hundertfünfzig schwarze Rinder ohne spezielle Abzeichen, die Hörnerpaare lyraförmig in den Himmel gereckt, und keines schien mir irgendwie länger oder kürzer zu sein, als das eines anderen Tieres. Teufel nochmal! — Dur war inzwichen auf Zick-Zack-Wegen an den Rand der Herde gelangt und setzte sich eben in Trab. Da durchzuckte mich ein Gedanke: Am besten treibe ich irgendeinen Stier vor mir her hinüber zu den bereits ausgesonderten und sage, sowie der Patron zu schreien beginnt, er habe mir diesen und keinen anderen auszusondern geheißen. Vor Dur und mir trottete eben ein Bulle dem Herdenrand entlang, wir brauchten uns nur zwischen seine Kruppe und die übrigen Rinder zu werfen, und er war isoliert. Bevor ich mich zu irgendetwas entschließen konnte, sprang Dur an, war mit zwei Sätzen an der Kruppe des Bullen, der sogleich ausriß, und wir hatten darauf leichtes Spiel, ihn den schon ausgesonderten Rindern in der anderen Ecke des Pferchs zuzutreiben. Als ich meinen Schimmel wendete, des Patrons Schimpfkanonade gewärtig, schrien die Gardians mit einem Mal: "Bravo, Gardianoun!" Ich fiel aus allen Wolken. Aber da trabte der Manadier heran und brummte kopfschüttelnd: "Sacré petit, dein Pferd ist mit Gold nicht aufzuwiegen! Meinst du, ich hätte nicht gesehen, wie du Courtet aus den Augen verloren hast? " — Ja, meinem Blick war der Bulle entkommen, dem meines Wallachs jedoch nicht, und so hatte Dur ihn, wider meine Störversuche, allein aus der Herde ausgesondert. Ich staunte in den folgenden Jahren noch manches Mal über die Initiativen meines Wallachs, versuchte aber nie wieder, ihn dabei zu hindern, und lernte auf diese Weise den Umgang mit den Stieren weit eindrücklicher von meinem Pferd als durch die Anweisungen meiner verschiedenen Patrons.

Initiative — sie ist vielleicht das bestechendste am Charakter des Camargue-Pferdes. Solange mein Dur auf der Weide vor meiner Hütte graste, wurde ich das Gefühl nie los, mit einem humorvollen, praktisch denkenden Freund zusammenzuleben, der stets einen Ausweg wußte, wenn ich längst keinen mehr sah. In einer Herbstnacht fuhr ich einmal aus dem Schlaf, weil die ewig quakenden Frösche in den Sümpfen rund um die Hütte schlagartig verstummt waren. Ich schälte mich aus dem Bett, trat der Reihe nach an alle Fenster, blickte hinaus — nichts... oder doch! Etwas holperte vielhufig über die Weide, war nicht mein Dur, noch sonst ein Pferd, trat endlich knirschend auf die Veranda, die ich aus Kies aufgeschüttet hatte, ging nun anscheinend sogar daran, aus der

Bank vor der Türe Kleinholz zu machen. Da bekam ich sie endlich in den Blickwinkel: vier mächtige Kampfstiere, die wohl von der Weide am Rhôneufer ausgebrochen waren und auf der Suche nach noch nicht kahlgeweideten hohen Böden über oder durch den Zaun zu mir gefunden hatten. Ich durfte sie nicht dabehalten, denn für meinen Dur brauchte ich jedes Maul voll Herbstgras selbst. Andererseits konnte ich auch nicht einfach auf die Veranda treten, um sie zu verjagen; der Stier, welcher sich hier meiner Bank annahm, stand der Türe zu nahe. Was tun? – Ich schlüpfte in Hemd, Hose und Stiefel, trat in den Vorraum, der mir als Sattelkammer diente, griff zum Trident, zum dreizackbewehrten Hüterstock, und luchste eben durch das Türfenster, als der Stier draußen, einen Teil der Bank zwischen den Hörnern verkeilt, damit die Scheibe einschlug. Ich stieß mit dem Trident durch die Öffnung, was den Bullen sogleich gegen meine schwächliche Türe anpoltern ließ. Ich begann, meinen provenzalischen Flücheschatz sorgfältig herunterzubeten. Bevor ich damit fertig war, trabte plötzlich Dur heran, stieg auf die Veranda, wartete ab. Der Bulle wandte sich nach ihm um, tat zwei, drei Schritte auf ihn zu, noch immer die Bankhälfte zwischen den Hörnern. Da drehte sich Dur blitzschnell um und feuerte beide Hinterhufe gleichzeitig Richtung Stierschädel ab. Der Bulle zuckte zurück und trollte sich zu den drei anderen Stieren, die neben der Hütte friedlich grasten. Nun stellte sich Dur so vor die Türe, daß ich sie nur kurz zu öffnen brauchte, schon auf seinem Rücken saß und, den Trident schwingend, laut brüllend, in kurzem Trab die Bullen vor uns her von der Weide vertreiben konnte.

Ich möchte mit dieser Anekdote keineswegs suggerieren, mein Stierpferd habe die Hütte seines Herrn gegen böse Bullen zu verteidigen versucht. Ich wage bloß anzunehmen, die Stiere seien Dur nicht gerade sympathisch gewesen, und er habe begriffen, daß wir sie wirksam nur zu zweit verjagen konnten. – Spinnerei?

Wie dem auch sei, Durs und vieler anderer Camargue-Pferde Initiative beruhte und beruht meiner Erfahrung nach ausschließlich auf dem absoluten Vertrauen, das zwischen dem Gardian und seinem Pferd in beiden Richtungen zirkuliert. Die vordringlichste Aufgabe beim Zureiten eines Junghengstes ist deshalb, dieses Vertrauen zu wecken und zu vertiefen. Ist es einmal da, so scheint der Mensch dem Tier schließlich irgendwie die Herde zu ersetzen. Das Pferd fühlt sich für seinen Gardian nachgerade verantwortlich, was oft ungebärdigste Junghengste zu Lämmern macht, überläßt man ihre Pflege und das Reiten nur einem kleinen Kind. Das Camargue-Pferd will jedenfalls a priori *einem* Menschen gehören, doch diesem ganz. Findet es sein Vertrauen gerechtfertigt und erwidert, so kennt seine Treue keine Grenzen, was den Nachteil hat, daß es sich gegen andere Reiter auflehnt, wenn auch nur so lange, bis es auch zum neuen Herrn Vertrauen gefaßt hat. Ein Camargue-Schimmel kann also durchaus von einer ganzen Familie geritten werden, wenn diese nur stets freundlich zu ihm ist und die Pflege möglichst der Person überläßt, die ihn am häufigsten reitet.

Wieviel und welche Pflege verlangt das Camargue-Pferd?
Die Antwort ist: denkbar wenig!
Normalerweise lebt es ja draußen auf der Steppe, wo keine Bürste und kein Striegel es je berührt. Schwitzt es nach einer langen Galoppade unter dem stickigen Sommerhimmel, so sucht es sich eine möglichst unbewachsene, sandige Stelle, pflügt den Boden mit den Hufen auf und wälzt sich genüßlich lange im Staub, den es nach dem Aufstehen und später noch einige Male mit dem so getrockneten Schweiß zusammen aus dem Haarkleid schüttelt. Nicht auszuschließen ist, daß der Salzgehalt des Camargue-Staubes die Tiere vor Ungeziefer schützt oder Wunden, die sie sich zuziehen, zwar brennen macht, aber auch desinfiziert. Im Stall genügt jedenfalls die übliche Pflege, oft sogar die mit der Reisbürste durchaus, insofern die Tiere im Auslauf von Zeit zu Zeit auch dem Regen und Wind ausgesetzt bleiben.
Normalerweise verabscheut das Camargue-Pferd nichts mehr, denn angebunden in einem Stall zu stehen. Für meinen Dur hatte ich einen halboffenen Stall gebaut, der völlig durchzugsicher war, und trotzdem stellte sich der Wallach selbst bei minus fünfzehn Grad kaltem Mistral, bei Hagel und sintflutartigen Gewittern nicht ein einziges Mal freiwillig unter das Dach. Manche Autoren schreiben diesen Zug dem selbst durch den Dienst unter dem Sattel nicht gebrochenen Freiheitsdrang zu. Ich vermute, daß dieser zwar tatsächlich existiert, daß die Stallscheu aber eher der glänzenden Anpassung ans Camargue-Klima und der fehlenden Gewohnheit anzulasten ist, vor Regen oder Kälte zu flüchten.
Die Herde bleibt also jahraus, jahrein auf der Weide. Von Zeit zu Zeit überzählt zwar ein Gardian den Bestand von weitem, verschwindet jedoch hierauf wieder für Wochen oder Monate. Sind die im Frühling geborenen Fohlen sechs Monate alt, so werden sie entwöhnt. Meistens geschieht dies heute dadurch, daß man sie von den Stuten trennt. Früher legte man ihnen in der Regel ein Stachelhalsband um, das die Mütter stach, wenn die Kleinen zu saugen versuchten. Die Stuten verweigerten sich ihnen so von selbst. — Neuerdings lassen verschiedene Herdenbesitzer die Fohlen den ersten Winter in einem geräumigen Stall verbringen, was einerseits die Fohlensterblichkeit verringert, zum anderen die Jungpferde schon einmal kurz an den Kontakt des Menschen gewöhnt. Die übrigen zweieinhalb oder dreieinhalb Jahre bis zur Volljährigkeit gehört das Tier darauf erneut der wilden Herde auf der Steppe.
Die zwischen zehn- und achtzigköpfigen Stutenherden folgen üblicherweise sowohl einer Leitstute wie dem Leithengst — vorausgesetzt dieser bleibt das ganze Jahr über bei der Herde, was ihm heute nur noch in Ausnahmefällen erlaubt wird. Bei Weidenwechsel, Wanderungen und bei der Schutzsuche im Winter führt immer die oft mit einer Glocke ausgezeichnete Leitstute. Gilt es hingegen, den Gardians zu entkommen, einem aufsässigen Stier oder einer Wolke von Stechfliegen auszuweichen oder eine Stute von einem Menschen wegzudrän-

gen – wie Hans W. Silvester, dem Autor der Photographien dieses Buches, geschehen – so übernimmt der Leithengst das Kommando und scheut sich dabei nicht, Nachzügler mit den Zähnen anzutreiben. Er ist es auch, der pausenlos die Herde umkreist, den Blick selbst beim Weiden stets auf den Horizont gerichtet. Das Auffliegen eines Entenschwarms, das plötzliche Abziehen eines Bussards oder Adlers, ein Schilfhalm im Röhricht, der sich unvermittelt gegen den Wind richtet; ein Nichts genügt, um den Leithengst stutzen zu machen, und im gleichen Augenblick rast die Herde auch schon davon. Der Leithengst erscheint geradezu als das Nervenzentrum der Herde.

Die Leitstute sorgt sich unterdessen um die Fohlen und Jungpferde und boxt hin und wieder sogar einen fremden Ausreißer zur Herde zurück. Im Winter, wenn der Mistral allzu eisig aus dem Norden herab tobt, drängt sie die übrigen Stuten, die Köpfe nach innen gerichtet, zu einem lebendigen Schutzwall zusammen, zu einem Ring, in dessen Mitte die Fohlen dicht zusammengepfercht werden. Und im Frühling, wenn die jungen Gräser sprießen, entscheidet sie, wo und was der Herdenverband zuerst abweiden wird.

Die Leitstute der ersten Herde, mit der ich in der Camargue zu tun hatte, hieß "Princesse". Eines Abends, als ich über die Stutenweiden zu meiner Hütte heimritt, wieherten mir die Tiere schon von weitem entgegen. Etwas mußte vorgefallen sein. Ich zählte sie. Richtig, eine Stute fehlte. Ich ritt näher. Ja, es war Princesse. Ich suchte die ganze Weide nach ihr ab, kontrollierte die Zäune: nichts! Ich lenkte Dur zur Herde zurück, die heute keine Miene machte auszureißen. Da stieß ich auf Princesse: Sie lag ertrunken in einem Brackwassertümpel, und ihr Leib war mächtig aufgetrieben. – Am nächsten Morgen kam ich früh mit dem Patron zurück. Wir hatten eines unserer Crau-Pferde vor den Zweiräderkarren gespannt, eine Spitzhacke, eine Schaufel, ein Paar hüfthoher Gummistiefel und ein halbes Dutzend Seile aufgeladen und waren schweigend der Straße nach gefahren. Kurz bevor wir auf den Karrenweg zur Stutenweide einbogen, sagte der Patron kopfschüttelnd: "C'est quandmême malheureux! Princesse war die letzte Stute aus der Zucht Monsieur de Montauts! – Gewiß, da ist zwar noch ihre Tochter, Doucette, ebenso reinblütig, ebenso vollendet gewachsen, aber die ist kaum drei Jahre alt... Ah, Princesse; die stieg jedes Jahr, wenn das Futter knapp wurde, in die Tümpel, um Algen zu fressen, und noch jedesmal kam sie rechtzeitig wieder heraus! Diesmal wird sie sich so schwer gefressen haben, daß sie tiefer und tiefer in den Grund einsank. Das Ende kommt dann jeweils schnell! Indem sie einen Huf aus dem Morast zu ziehen versucht, sinkt sie mit den drei anderen um so tiefer ein. Und je tiefer sie einsinkt, um so verzweifelter versucht sie sich zu befreien, wühlt sich dabei noch tiefer ein, fällt um, ertrinkt, aus! – C'est malheureux!"

Wir luden das Werkzeug vom Karren, spannten den Wallach aus, schickten ihn auf die Weide. Dann wies der Patron auf die Gummistiefel: "Zieh sie an! Du bist leichter als ich! Suche dir einen Knüppel, um den Grund im Teich abzutasten, dann steige zu der Stute hinab und binde ihr ein Seil um den Hals und eines um den Schweif!" Als ich endlich einen Stock gefunden hatte und eben ins kniehohe Wasser des Tümpels hinab klettern wollte, hielt mich der Patron plötzlich zurück, holte ein Seil, knotete es mir um die Hüften und grinste: "Man weiß ja nie... der Boden ist hier so tückisch...". An einigen Tamariskenästen Halt suchend, ließ ich mich vorsichtig in den Teich gleiten, begann, auf meinen Stock gestützt, den Grund mit den Füßen abzutasten und watete schließlich langsam der toten Stute entgegen. Mit jedem Schritt sank ich tiefer in den faulen Grund und mußte jeweils die Stiefel mit den Händen aus dem schmierigen Morast zurückziehen. Endlich langte ich bei dem Kadaver an, schlang ein Seil um den Hals, gleich hinter den Ganaschen, ein zweites um die Schweifrübe, warf die Seilenden dem Patron ans Ufer zu und versuchte, die tote Stute vor mir herzustoßen. Vergeblich. Ich plantschte ans Ufer zurück, eine schmutzige gelbgraue Spur hinter mir herziehend. Daraufhin spannten wir uns zu zweit an den Seilenden an und bekamen, zehn Minuten später, Princesse endlich frei.

Nun galt es, ins Ufer des Tümpels ein Loch zu graben, halb über, halb unter dem Wasserspiegel, und das Tier zu beerdigen. Wir wurden erst um die Mittagszeit damit fertig, spannten endlich den Wallach wieder ein und fuhren zum Gehöft zurück. Der Patron knurrte währenddem unablässig halblaut vor sich hin. Einmal hörte ich, etwas deutlicher gesprochen, den Vorsatz: "Wir müssen die Stuten so schnell als möglich auf die andere Seite des Salzsees bringen, sonst verlieren wir vielleicht morgen schon die nächste!" Auf der anderen Seite des Etangs, nicht weit vom Gehöft entfernt, hielt der Patron stets eine Weide für Notfälle reserviert und für Zeiten, in denen, wie in diesem Jahr, der Frühling allzu lange auf sich warten ließ.

Am folgenden Morgen ritten wir quer über die Steppe am Salzseeufer und in Zickzacklinien durch den See, um diesmal von der Ostseite her auf die Stutenweiden zu gelangen. Oft hielten unsere Pferde mitten im Salzsee ein, änderten die Richtung, stampften endlich doch wieder weiter. Ich wußte, daß dieser Etang einer der tückischsten der ganzen Umgebung war, wechselten die Furten in ihm doch je nach der Strömung und den Winden ständig ihre Plätze. Wo man gestern noch anstandslos durchs Wasser hatte waten können, saugte der Morast heute jeden Schritt in sich ein. Und trotzdem schien der Patron die führerlose Stutenherde quer durch diesen Salzsee treiben zu wollen.

Wir erreichten die Weide. Ich öffnete das Drahtportal am Seeufer. Dann lockten wir gemeinsam die Herde zusammen. Ratlos, ängstlich irrte sie hierhin und dorthin und durcheinander. Würde sie sich auf dem Weg durch den Etang ebenso undiszipliniert verhalten, so mußten wir das eine oder andere Tier schon im ersten Morastloch verlieren. Ich sprach den Patron hierauf an. Er schien mich zu überhören, saß stattdessen leicht vornübergeneigt in seinem Gardiansattel und starrte wortlos auf die nervösen Stuten und Fohlen. "Alors? " fragte ich. Noch fünf Minuten verstrichen. Die Stuten begannen eben wieder zu weiden, als er unvermittelt gebot: "Los, treib sie langsam auf mich zu!" Er ritt zum offenen Gattertor hinüber, baute sich in seiner Mitte auf. Ich trabte in einem weiten Bogen um die Herde herum und trieb sie vorsichtig an. – Erneut schossen die Tiere ungeordnet durcheinander, versuchten nach links und rechts auszubrechen, besannen sich im letzten Augenblick doch noch anders, drehten um, um auf die andere Seite zu gelangen. Der Patron rührte sich nicht von der Stelle. Als die Herde einen Steinwurf weit vor ihm plötzlich anhielt, wendete er seinen Schimmel und ritt langsam in den Salzsee hinaus. Ich stieß den Treiberpfiff aus und, als hätte sie nur darauf gewartet, schob sich in diesem Moment Doucette, die Tochter der ertrunkenen Leitstute, aus der Front der stutzenden Pferde, trottete dem Patron nach durchs Tor und ins Wasser, und alle anderen Tiere folgten ihr, eines nach dem anderen, nun absolut entspannt und ruhig. Bald schon bildeten die Schimmel eine lange silberne Kette hinter dem Patron, die zwar Bogen, Haken und Umwege beschrieb, jedoch kaum mehr anzutreiben war. Kein Fohlen und kein Jungpferd setzte auch nur einen Huf aus der Kolonne, und als wir am anderen Ufer ankamen, richtete sich die Herde, wie selbstverständlich, auch im Pulk auf Doucette aus, die eine Länge Vorsprung beanspruchte und behielt. Die Herde besaß eine neue Leitstute, und diese schien sich ihrer Verantwortung voll bewußt zu sein, obgleich sie eben erst drei Jahre alt werden sollte.

Die Manadiers, die sich Pferde nicht nur eines eventuellen Profits wegen halten, fangen die Junghengste meistens erst in deren viertem Jahr ein, kastrieren sie oder kastrieren sie nicht, gewöhnen sie an den Stall und das Stallfutter, beginnen, sie endlich zuzureiten. Die gleichaltrigen Stuten bleiben indessen unberührt und bis an ihr Lebensende weiter draußen in der Herde und werfen das erste Fohlen oft schon in ihrem fünften Frühling – so sie nicht körperlicher Mängel wegen längst ausgeschieden wurden.

Hat sich ein Junghengst unter dem Sattel und bei der Arbeit mit den Stieren besonders hervorgetan, so kann er der Herde als Beschäler zurückgegeben werden. In der Regel wird er sich schon vor seinem Einfangen einen hohen Platz, wenn nicht sogar die Führung der Herde erkämpft haben und so, ohne je geritten worden zu sein, dem Beschälen nachkommen. Erst die Einführung des Stutbuches hat bewirkt, daß heute jeder Zuchthengst seine Qualitäten bei der Körung auch unter dem Sattel beweisen muß. Doch geritten oder nicht, Wallach oder Hengst; der Herdentrieb und der besondere Orientierungs- und Wetter-Instinkt bleiben in jedem Camargue-Pferd das ganze Leben hindurch, und wo immer es sich auch befinden mag, sehr stark ausgeprägt. Das bedeutet für den zukünftigen oder schon aktiven Reiter:

1. daß er sich bei jedem frisch eingefangenen Junghengst einem völlig verunsicherten, daher äußerst schreckhaften Tier gegenübersieht, dem er zualler-

erst das Selbstvertrauen zurückzugeben hat, indem er ihm am besten ein älteres, sogenanntes "Dressurpferd" zur Seite stellt.

2. daß er dem Jungen so schnell wie möglich neue, feste Gewohnheiten schaffen muß (feste Futterzeiten, gleichmäßige Behandlung) und alles unterläßt, was das Tier erschrecken könnte: brüske Gesten, Stand- oder Boxwechsel, Schreien etc.,
3. daß das Satteln und Zäumen mehrmals vorzunehmen ist und das Pferd gesattelt und gezäumt mehrmals longiert wird, bevor er zum ersten Mal aufsitzt,
4. daß beim Zureiten ein Helfer das dem Jungen bereits vertraute Dressurpferd reitet, den Jungen an der Longe hält und nicht von seiner Seite weicht; und daß der Zureiter selbst während der ersten Male nicht abgeworfen werden darf oder mindestens – sollte es dennoch vorkommen – sogleich wieder aufsitzt. (Wird ein Camargue-Junghengst mit dem Eindruck in den Stall zurückgebracht, er könne sich seines Reiters entledigen, wann immer er es nur richtig anstelle, so ist er meistens für sehr lange Zeit verdorben, und die Redressur wird zu einem ernstlich gefährlichen Unternehmen.),
5. daß der Junge nach jeder korrekt ausgeführten Wendung, nach jedem Durchparieren oder Gangartwechsel gelobt und nach jeder tückischen Boshaftigkeit (wie etwa Wälzen mit dem Reiter) augenblicklich und vom Sattel aus bestraft werden muß,
6. daß er, der Zureiter, dem Tier unter allen Umständen allmählich die Herde zu ersetzen versucht, indem er ihm bei Passagen, die er kennt und die der Junge verweigert, eventuell zu Fuß vorangeht oder allen Dingen, die den Jungen erschrecken können, mit begütigendem Zuspruch den Überraschungseffekt nimmt,
7. daß er seinem Jungpferd bei der Dressur stets etwas weniger zumutet, als dieses zu leisten vermag, um ihm die Freude an der Arbeit nicht zu vergällen.

Im Vergleich mit den mitteleuropäischen Warmblut-Rassen ist das Camargue-Pferd zweifellos gleichzeitig das im Futter genügsamste, den Lebensbedingungen gegenüber härteste, gesundheitlich widerstandsfähigste, dabei ausdauerndste, im Verhältnis zu seiner Größe und seinem Gewicht tragfähigste und schnellste Pferd überhaupt. Sein Temperament entspricht seinem Erbe an arabischem Blut. Sein Charakter will verstanden und geschätzt, seine Intelligenz beschäftigt, sein Herdentrieb – das heißt sein Anlehnungsbedürfnis – erwidert werden. Da es sehr viel "Persönlichkeit" besitzt, ist es leichter zu frustrieren, als Vertreter anderer Schläge. Unsachgemäße Behandlung läßt es entweder sich auflehnen oder völlig resignieren, worauf es sich ziemlich eigensinnig zeigen kann. Als richtig gehaltener "Kumpel", mehr noch denn als Freund, wird es indessen seinen Reiter bis ins Alter von über dreißig Jahren täglich neu begeistern. (Ich habe einen 36jährigen Camargue-Wallach gekannt, in dessen Sattel ein Manadier regelmäßig alle die Stiere aussonderte, die sich von uns entweder nicht aussondern ließen oder vor denen wir etwas zuviel Respekt hatten.)

Nach dem zweiten Weltkrieg und mit dem Mitte der Fünfzigerjahre einsetzenden Touristenrummel erfuhr das Camargue-Pferd eine neue Zielsetzung. In Saintes Maries de la Mer lockten, genau wie in den meisten anderen Weilern und Dörfern des Rhônedeltas, jeden Frühling mehr Pferdeverleihstationen, sogenannte "Promenades à Cheval", Kunden an. Hatten sich bisher nur Ornithologen und Einsamkeitssucher mit lokalen Beziehungen über die Steppen tragen lassen, so fand nun ein buntes Gemisch aus Pferdefreunden und Gelegenheitsreitern, Wildwestadepten und Damen im Rock für eine Stunde oder zwei in die Sättel: viele zum ersten und zum letzten Mal. Denn oft galoppierte vorn ein gestiefelter Herrenreiter mit Bombe und Peitsche kreuz und quer über den Strand, während in der Mitte der Karawane ein paar Kinder krampfhaft ihre aufgeregt schnelltrabenden Schimmel zurückzuhalten versuchten und am Ende eine Großmutter um Hilfe schrie, weil ihr Klepper zum Stall zurückdrehte.
Das Pferdematerial bestand damals zu einem nicht geringen Teil aus dem Abfall der Züchter, das heißt aus bereits verrittenen oder niemals richtig zugerittenen mittelmäßigen Gäulen mit sohlenharten Mäulern und sturem Eigensinn. Diejenigen Verleiher, die über eigene Weiden verfügten und sich ihre Tiere selbst heranzogen oder wenigstens gute Jungpferde kauften, fanden schnell einen festen Kundenstamm aus erprobten Reitern und überließen so den Durchgangsverkehr den weniger seriösen Betrieben. Die Reiter unter den Kunden verlangten jedoch bald schon, auf ihren Umgang mit Halb- und Vollblütern pochend, nach größeren, ansehnlicheren Pferden. Statt solche im Norden einzukaufen, verfielen einige Verleiher darauf, ihren Camargue-Herden ein weiteres Mal Berber-Blut, Crau-Blut, anglonormannisches Halbblut und noch entferntere Richtungen einzukreuzen. Vier Jahre darauf, am Anfang der Sechzigerjahre, sah man im Leihgeschäft beinahe nur noch riesiges, massiges Pferdematerial, das den Bedingungen des Camargue-Bodens längst nicht mehr entsprach – oder mickerige, todmüde, wenn auch reinblütige Schimmel-Automaten neben zahllosen Berberhengsten aus nordafrikanischen Schlachtpferde-Transporten, die dem Metzger am Ende der Saison zurückverkauft wurden.
Auch in diese Verhältnisse griffen in elfter Stunde das staatliche Gestüt von Tarbes und der französische Pferdesportverband ein und reglementierten den Reitbetrieb. Danach sollen in Zukunft die Verleiher, die sich den Bedingungen der F.F.S.E. unterwerfen und den Kunden korrektes Sattel- und Zaumzeug zur Verfügung stellen, gewisse Subventionen beim Pferdekauf erhalten. Ob das allerdings ausreicht, um den Reitbetrieb in der Camargue vom Ruch der Tierquälerei zu befreien, bleibt vorläufig ungewiß. Sicher ist nur, daß die Zucht des Camargue-Pferdes inzwischen einen Aufschwung nimmt, wie er noch vor fünf Jahren kaum zu erhoffen war.
Das neue Zuchtziel ist ein etwas größeres (Stockmaß 1,40 m), reinrassiges Reitpferd von Schimmelfarbe, das sämtliche klassischen Merkmale des Camargue-Blutes harmonisch in sich vereinigt. Es soll weiter sowohl als Stierpferd wie

auch als Ausflugs- und Trecking-Pferd verwendet werden können und überdies als eine besonders zähe und ausdauernde Rasse im Norden Frankreichs und im Ausland stärker vertreten sein.

Ich führe in der Folge die vom Gestüt in Tarbes veröffentlichte neueste "Definition des Camargue-Pferdes" an:

"Das (eingetragene) Camargue-Pferd wird geboren, lebt und pflanzt sich fort ausschließlich im Gebiet der Camargue und ihrer unmittelbaren Umgebung, das heißt in einem Dreieck, dessen Spitzen (die Städte) Tarascon (im Norden), Montpellier (im Südwesten) und Fos-sur-Mer (im Südosten) bilden und dessen Grenzen über Lunel (im Westen) und Salon-de-Provence (im Osten) verlaufen.

Das Camargue-Pferd stellt ein rustikales (ländliches, ursprüngliches) Sattelpferd dar,

- sein mächtiger Schädel ist in der Regel eckig gebaut und gut angesetzt
- seine Stirn ist flach, das Stirn- und Nasenbein geradlinig, die Nasenpartie oft fliehend oder abfallend, was den Eindruck erweckt, es besitze eine Ramsnase
- seine Ohren sind kurz und weit auseinander angesetzt und besitzen eine breite Basis
- sein Auge liegt auf derselben Ebene, wie die Gesichtshaut, was darauf zurückzuführen ist, daß der Augenbogen etwas hervorsteht
- die Ganaschen sind äußerst kräftig entwickelt
- die Mähne wächst oft in alle Richtungen
- das Haarkleid ist dicht und reich, bei erwachsenen Pferden von hellgrauer Farbe, manchmal weiß mit grauem Stichelhaar
- die Brust ist tief, die Schulter kurz und gerade
- der Hals ebenfalls kurz
- die Glieder sind kräftig und von ausgezeichneter Natur
- die Hufe sehr sicher, ihre Tragflächen kräftig ausgebildet
- das Knie ist breit, das Pferd ist gut gefesselt
- die Lendenpartie ist gedrungen
- die Oberschenkel sind kräftig und muskulös
- die Kruppe ist kurz, gut entwickelt und leicht abfallend
- der Schweif breit und nicht zu hoch angesetzt, das Haar am Schweifansatz außergewöhnlich dicht
- seine Größe schwankt zwischen 1,35 m und 1,45 m
- sein Gewicht zwischen 300 und 400 kg
- das Camargue-Pferd wächst oft noch bis ins Alter von 5 bis 7 Jahren
- da es seine Nervenkräfte der Aktion vorzubehalten versteht, erscheint es in der Ruhestellung oft schläferig oder auseinandergefallen
- genügsam, lebhaft, gewandt, mutig und sehr ausdauernd, ist es fähig, lange Hunger- und Durst-Perioden und härtestes Klima auszuhalten und dennoch lange Märsche durchzustehen."

Die Verwendung der Pferde in und außerhalb der Camargue

Die bisherigen Erfahrungen mit dem Camargue-Pferd außerhalb seines angestammten Lebensraums können nicht anders als ausgesprochen ermutigend bezeichnet werden. Tatsächlich pflegen die Schäfer des französischen Südens, sich bereits seit Jahrhunderten Camargue-Pferde zu halten, die ihnen auf den Frühlings- und Herbstwanderungen ihre Habseligkeiten nachtragen. Jahraus, jahrein pendelten so Hunderte von Wallachen und Stuten zwischen dem Mittelmeer und den Alpen hin und her und erwarben sich dabei durch ihre Trittsicherheit auf Saumpfaden den Namen "französische Haflinger". Ein Schäfer in der Hochprovence, den ich einmal auf seine beiden Camargue-Pferde ansprach, indem ich fragte, wie die sich wohl aus den Sümpfen des Rhônedeltas hierher verirrt hätten, antwortete: "Aus den Sümpfen? Sie sind wohl bekloppt! Die klettern am Fels selbst meinen Ziegen davon!"

Ein Manadier, Besitzer einer bedeutenden Stutenherde, verlegte seine Zucht vor Jahren mangels Raums in die Sologne, in ein Gebiet Mittelfrankreichs, das ausgedehnte Wälder, Wiesen und Teiche besitzt und Teilen Württembergs ähnelt. Die hier geborenen und aufgewachsenen Camarguais gewannen zwar schon in der zweiten Generation an Größe, büßten jedoch weder ihr Blut, noch ihren typischen Spürsinn ein. Davon habe ich mich bei Vertretern dieser Zucht, die in das Rhônedelta reimportiert worden waren, selbst überzeugen können.

Die Erfahrungen Madame Zeders, einer bekannten Hippologin und Züchterin, mit ihren Camargue-Pferden im Elsaß gebe ich in der Folge im Wortlaut wieder: "Leidenschaftliche Züchter von Isländer Ponys, verdanken wir es einer Reihe von Umständen, daß wir 1970 Besitzer zweier Camargue-Pferde wurden. Ungeduldig hasteten wir an jenem Sonntagmorgen zu unseren Weiden und Ställen. Die beiden Camarguais waren erst spät am Samstagabend eingetroffen, und uns war nichts anderes übrig geblieben, als sie mit Heu und Wasser in einer Box einzuschließen. Unsere erste Feststellung war nun, daß sie sich hier offenbar wohlfühlten, und mit Freude sahen wir ihre hübschen Köpfe uns entgegenleuchten.

Beide Pferde sind durchaus typische Vertreter ihrer Rasse, wenn auch unter sich verschieden. Die Stute "Mireille" ist ausgesprochen hübsch, groß, besitzt ein helles Apfelschimmelkleid, und der Wind spielt oft in ihrer langen, grausilbernen Mähne. Mit ihrem eleganten, eher feinen Kopf und dem anfänglich etwas reservierten Charakter erinnerte sie an eine Lady. Sie wurde bisher ausschließlich mit dem Kappzaum geritten und besitzt so ein seidenweiches Maul. "Gamin" ist, kurz ausgedrückt, außergewöhnlich. Er ist Wallach, acht Jahre alt, massiv, kräftig gebaut und besitzt viel Blut. Einst eingetragener Beschäler, wurde er erst vor einem Jahr auf Grund seiner geringen Größe (1,35 m) kastriert. Seine Kruppe ist noch hellgrau gefärbt, alle anderen Teile seines Haarkleides

und seine lange Mähne sind bereits ganz weiß. Sein Kopf ist ausgesprochen edel und trägt zwei winzige Ohren und sehr ausdrucksvolle Augen. Unter dem Sattel hat er absolut nichts von einem Pony und trägt den Kopf und Hals entsprechend wie ein Großpferd.
Wir folgen gebannt der Vorstellung, mit der uns sein Züchter zeigt, welch hohe Dressur Gamin genossen hat. Wir wissen, daß er als Stierpferd gearbeitet hat, und wundern uns um so mehr über sein Können auch in der klassischen Dressur. Äußerst aufmerksam, scheint er mit Begeisterung bei der Sache zu sein. Doch, wie alle intelligenten Pferde, besitzt Gamin einen "ganzen" Charakter; er mag etwas oder mag es nicht. Sein Züchter verriet uns, daß er in der Regel schon während der ersten fünf Minuten entscheidet, ob er einen neuen Reiter akzeptieren will oder nicht. Christine (die Tochter Frau Zeders) schwingt sich endlich in seinen Sattel. Wir sehen ihr zu: Schritt, Trab, Galopp... die beiden scheinen sich ja wundervoll zu verstehen!

Seither sind Monate und Monate vergangen. Der Winter ist eingezogen mit Schnee und Frost und bis zu minus 20 Grad Kälte während vieler Wochen. Unser Gestüt ist mitten in einer Ebene gelegen, dem "Ried", vier Kilometer vom nächsten Dorf entfernt, und der Kälte so besonders ausgesetzt. Beide Camargue-Pferde blieben mit unseren Isländern zusammen den ganzen Winter über im Freien und erhielten nur etwas Heu und Wasser neben den vereisten Gräsern, die sie sich selbst suchten. Wir konnten an ihnen dabei weder die leichteste Erkältung, noch das leiseste Unwohlsein beobachten. Wie unsere Isländer haben wir die Camargue-Pferde bisher noch nie beschlagen.
Während wir Mireille vorderhand nicht mehr reiten, weil sie im März abfohlen wird, erstaunt uns Gamin täglich neu durch die Freude, die er an den Tag legt, wenn Christine ihn zum Ausritt oder zur Arbeit im Dressurviereck von der Weide holt. Obwohl er anscheinend gern Streiche spielt, bleibt er äußerst ehrlich unter dem Sattel, durchwatet Wasser, erklettert Steilhänge, rutscht ab, galoppiert geradenwegs auf die Hindernisse zu, springt, ohne je etwas zu verweigern. Er scheint unverrückbares Vertrauen in seine Reiterin zu setzen. Und er hat noch eine unschätzbar wertvolle Eigenschaft: den so wunderbar ausgeglichenen Charakter der meisten, in Freiheit aufgewachsenen Pferde. Nach acht oder sogar vierzehn Tagen Ruhe findet man ihn jederzeit freudig und eifrig zur Arbeit bereit, als hätte man ihn erst am Vortag zum letzten Mal geritten.
Wir sind glücklich, heute feststellen zu können, daß wir hier im Elsaß mit den Camargue-Pferden ausschließlich positive Erfahrungen gemacht haben. Wir halten dies aber nicht zuletzt auch der Wahl zugute, die wir getroffen haben, als wir uns an einen seriösen Züchter und glänzenden Zu- und Dressur-Reiter wandten, der auch im Sportsattel sein Handwerk versteht."
Zur Illustration der oft gerühmten Ausdauer des Camargue-Pferdes zitiere ich noch einmal Gérard Gadiot und sein Buch *En Camargue* (Editions B. Arthaud,

Paris 1968), in dem er über einen Distanzritt des Marquis de Baroncelli und Jacques Marignans schreibt:
"Aufgebrochen am 2. März 1905, um zwölf Uhr mittags – der eine (der Marquis) in Saintes Maries de la Mer, der andere bei Lunel –, trafen sie sich in Arles und erreichten die Stadt Lyon am Abend des 6. März, nachdem sie auf dem linken Rhôneufer dreihundertelf Kilometer in zweiundvierzigdreiviertel Reitstunden zurückgelegt hatten. Wiederaufgebrochen am 8. März um dreizehn Uhr, waren sie zurück in Arles am 12. und zu Hause am 13. März: dreihundertvierzehn Kilometer in dreiundvierzig Reitstunden, dem rechten Rhôneufer entlang, was ein Stundenmittel von über sieben Kilometern bedeutet. Der Marquis ritt dabei Sultan, ein reinrassiges Camargue-Pferd (1,42 m Stockmaß, 14 Jahre alt, 76 kg Gewicht im Sattel), Jacques Marignan einen nicht reinrassigen Camarguais: Béricle (1,50 m Stockmaß, 9 Jahre alt). Herr Marignan wog damals einhundertzwanzig Kilogramm. Die Pferde waren nicht beschlagen."
Gérard Gadiot fährt in seinem Bericht fort: "Es war derselbe Sultan... der mit zweiunddreißig Jahren noch an einem Tag einhundert Kilometer zurücklegte, nämlich von Saintes Maries bis zum They von Roustan und zurück. Er starb mit dreiunddreißig Jahren."
Ich selbst erinnere mich, während einer Saison jede Woche einmal sechs bis zehn Reiter von Saintes Maries nach Terre Neuve bei Grau du Roi und zurück oder zum Leuchtturm von Faraman und zurück geführt zu haben. Wir legten damals die Distanzen von rund siebzig Kilometern in acht bis neun Reitstunden mitten in der Juli- und August-Hitze zurück, mit nur zwei bis drei Stunden Mittagsrast und ohne daß sich unsere Tiere am Tag zuvor oder danach hätten ausruhen können. Ich habe dabei immer wieder festgestellt, daß die kleineren, reinrassigen Camarguais diese Strapazen weit leichter und fröhlicher ertrugen als die größeren Crau-Pferde oder gekreuzten Camarguais. Während dieser Märsche ließen wir sie morgens meistens in sämtlichen Gangarten ausgreifen, das heißt wir orientierten uns dabei bloß an der Bodenbeschaffenheit. Auf dem Rückweg bremsten dann jeweils die Reiter die Pferde mehr, als diese jene.
Das Camargue-Pferd erscheint somit für lange Märsche wie geschaffen. Ist es gut zugeritten, so verfügt es über vier Gangarten, die es jeweils sehr lange durchhält:
1. den normalen Schritt, den ein echter Gardian kaum je reiten wird,
2. den starken Schritt, der, raumgreifend, schnell, geradezu Kilometer frißt und auch vom Marquis auf seiner Reise nach Lyon und zurück geritten wurde,
3. den kurzen Trab, den das Camargue-Pferd stundenlang durchsteht, der aber nur wenig schneller ist als der starke Schritt,
4. den Galopp, der, vernünftig und auf einem guten Pferd geritten, eine Viertelstunde oder zwanzig Minuten durchgehalten werden kann, ohne daß das Pferd sich "auspumpt".

Nach all dem Gesagten wird sich der eine oder andere Leser, dem besonders das Wandern zu Pferd es angetan hat, fragen, wie er wohl in den Besitz eines

Camargue-Pferdes gelangen könnte. Als Faustregel sollte gelten: Kopieren Sie weder jene, die sich von Pferdeverleihern ein von ihnen selbst gerittenes, anscheinend grundanständiges Tier haben aufschwatzen lassen – noch glauben Sie den "Camargue-Pferde-Kennern", die behaupten, die Schimmel fühlten sich außerhalb der Camargue unglücklich. Tatsächlich können Sie, selbst als grüner Anfänger, bei einem Verleiher einen Junghengst reiten, der noch unverdorben scheint und sich trotzdem alles Mögliche gefallen läßt. Haben Sie ihn aber erst einmal für teures Geld erstanden, zu sich nach Hause überführt und stolz herausgefüttert, so stellen Sie plötzlich fest, daß der Hengst anscheinend den Teufel im Leib hat und selbst erprobten Reitern gefährlich wird. Ihr Junghengst wurde in diesem Falle wahrscheinlich als Dreijähriger im letzten Sommer eingefangen, ausgehungert, zwei-, dreimal so geritten, daß er beim kleinsten Aufmucken die Rinderpeitsche zu spüren bekam und daraufhin sogleich fünf, sechs oder sieben Stunden täglich an Kunden und Sie selber vermietet, gegen die er sich nur selten auflehnte, weil ihm ganz einfach die Kraft dazu fehlte. Zugeritten ist dieses Pferd noch nicht, und sein Vertrauen wurde ihm wahrscheinlich für immer ausgeprügelt.

Der sicherste Weg, zu einem guten rohen oder sachverständig zugerittenen Camargue-Pferd zu kommen, ist der über den Züchter-Verband oder über einen seriösen Züchter, wie etwa Jan Bounias, "La Roussatino", Chemin du Juge, F 13 Saint-Etienne-du-Grés (der auch von Frau Zeder beschritten wurde), oder der über Frau Zeder bei Straßburg (Madame Y. Zeder, 10, Rue Nationale, F 67 Bischheim), die stets einige gute und bereits akklimatisierte Camargue-Pferde bei sich stehen hat und eventuell auch abgibt. Heute sollten Sie überdies stets darauf achten, daß Sie mit dem Pferd auch seinen Stammbaum, die Nummer, unter der es ins Stutbuch eingetragen wurde, und ein Signalement erhalten, was den Wert des Tieres erhöht. – Stuten sind in der Regel etwas billiger als Hengste oder Wallache, so es sich nicht um Zuchtstuten handelt. Da sie in der Camargue selbst erst neuerdings auch zugeritten werden, liegt es in Ihrem Interesse, eine Stute beispielsweise als Dreijährige zu erstehen, um sie so mindestens sechs Monate lang an das neue Dasein außerhalb der Herde zu gewöhnen, bevor Sie sie zureiten. Einen Wallach oder Hengst würde ich an Ihrer Stelle stets fertig zugeritten kaufen, was ihn zwar verteuert, Sie jedoch vor Überraschungen bewahrt. Versuchen Sie jedenfalls nie, ein Camargue-Pferd zu erwerben, ohne es an Ort und Stelle gesehen und gegebenenfalls geritten zu haben.

Die Mehrzahl der ausgeführten Camargue-Pferde akklimatisiert sich sehr leicht. Sie gewöhnen sich meistens schon nach wenigen Tagen an die neue Umgebung. Ratsam ist dennoch, sie die ersten achtundvierzig Stunden jeweils im Stall angebunden oder in einem ausbruchssicheren Gehege zu halten. Meersalz, regelmäßig unter das Kraftfutter gemengt, oder das Vorhandensein eines Lecksteins ist eine Vorbedingung für richtige Fütterung außerhalb des Rhônedeltas. Hafer, Gerste oder industriell hergestelltes Kraftfutter soll nur bei großer Beanspru-

chung gegeben werden. In der übrigen Zeit genügen Weidegras, gutes Heu oder Stroh völlig.
Wie bereits erwähnt, scheint sich das Camargue-Pferd in Nordfrankreich, Belgien, Deutschland und in der Schweiz konstitutionsmäßig besonders als Wander-Pferd zu bewähren. Ob ihm diese Verwendung jedoch auch psychisch genügt, erscheint mir persönlich fragwürdig. Seine Intelligenz ist – vom Menschen bisher kaum domestiziert, also noch nicht abgeschliffen – so neugierig, daß man sich, meiner Ansicht nach, an ihr vergeht, wenn man sie nicht beschäftigt. Jedoch womit?
Im Winter standen auch unsere Hengste in der Camargue oft tagelang untätig herum, und wir hatten sie immer wieder selber zu bewegen. In der Regel ließen wir sie sich jeweils etwa eine Viertelstunde lang am Strand austoben, dann aber drängten sie meistens von sich aus darauf, richtig beschäftigt zu werden. Jeder einzelne – das hatten wir schon seit langem entdeckt – besaß spezifische Talente. Indem wir auf diesen aufbauten, sie förderten und ausbildeten, stießen wir immer wieder auf eine ganze Reihe ungeahnter, anderer Gaben.
"Sauvageon" beispielsweise, ein lange dunkelgrau gebliebener Junghengst, liebte nichts mehr, als in voller Karriere über den Strand zu jagen. Ich brauchte nur zwei, drei Tage, um ihm begreiflich zu machen, daß es auch den Schulgalopp gab, daß man diesen noch weiter verkürzen und aus dem Linksgalopp in den Rechtsgalopp umspringen konnte. Am Ende des Winters wußte Sauvageon nicht nur drei zu drei und zwei zu zwei und mit jedem Sprung den Galopp zu wechseln; er trat nun sogar in allen drei Gangarten auf der Stelle, ohne je Pilaren auch nur von weitem gesehen zu haben. Jan, mein Freund und damaliger Patron, hatte derweil seinen "Reboussier", einen kleinen temperamentvollen Hengst, der gern stieg, dazu gebracht, dabei vorn die Röhrbeine anzuwinkeln, hinten die Hanken zu biegen und sich tief herunterzusetzen, so daß er beim Steigen nun jeweils eine recht korrekte Levade ausführte. "Blad di Luno", ein anderer Junghengst, ging vollendeten "Spanischen Tritt", die sogenannte Passage, und allen schienen die Aufgaben, die wir ihnen stellten, einen Heidenspaß zu machen. Immer wieder staunte ich dabei, wie schnell die Tiere begrif-

Camargue-Hengst

Texte zu den Abbildungen auf den beiden folgenden Seiten:

oben: Festlich herausgeputzte Camargue-Pferde und -Reiter
unten: Pferdeherde in der Kleinen Camargue

Alter Gardian

fen, was wir von ihnen wollten, und wie sehr sie sich darauf bemühten, uns – oft beinahe ohne unser Zutun – zufrieden zu stellen.
Doch zurück zu den Stuten! Wie gesagt, werden sie in der Camargue kaum je geritten. Zwar kannte ich einige wenige, die eingespannt, und andere, die im Leihgeschäft verwendet wurden; beide Fälle sind und bleiben vorderhand aber noch selten, einzig und allein deshalb, weil im Rhônedelta neben den Wallachen sehr viele Hengste geritten werden und niemand bei der Arbeit sein Stierpferd durch Stuten abgelenkt sehen will. Überdies "kleben" die Stuten leichter als die männlichen Tiere, weil in ihnen der Herdentrieb noch ausgeprägter ist als in diesen. Möchte man dennoch lieber eine Camargue-Stute reiten, so empfiehlt sich, sie jung zu erstehen und völlig mit dem Menschen vertraut zu machen, bevor man ans Zureiten geht. Bereits während der Zeit der gegenseitigen Vertrauenssuche und auch später immer wieder soll sie regelmäßig longiert werden, an der Longe Cavaletti-Arbeit treiben, niedere Hindernisse springen und schließlich in wieder und wieder anderer Umgebung stets um den einen, ihren zukünftigen oder bereits aktiven Reiter kreisen, der ihr affektiv die Herde ersetzen wird. Hat sie einmal den Eindruck gewonnen, ihr Reiter verlange nie mehr von ihr, als was sie – sowohl von ihrer natürlichen Schreckhaftigkeit als auch von der körperlichen Leistungsfähigkeit her betrachtet – zu bewältigen vermag, so vereint sie, von einem Tag auf den anderen, sämtliche guten Eigenschaften des Camargue-Hengstes mit der spezifischen Gutmütigkeit, Anhänglichkeit und charakterlichen Weichheit der Camargue-Stute und wird so ein geradezu ideales Damen- oder Kinderreitpferd. Nur etwas verträgt sie ebenso schlecht wie der Camargue-Hengst und -Wallach: die menschliche Launenhaftigkeit und Unausgeglichenheit.

Wie steht es nun mit dem Beschlagen der Camargue-Pferde?
In der Camargue selbst gehen sämtliche Pferde barfuß. Die Jahrtausende haben auch den Huf des Insel-Pferdes so vollständig an die Bodenverhältnisse angepaßt, daß hier ein Beschlag eher schädlich als nützlich wäre. Wird indessen ein Camargue-Schimmel außerhalb des Deltas viel auf steinigem Grund, auf Landstraßen und ausgesprochen harten Böden bewegt, so wird der Beschlag schließlich notwendig. Am besten ist wohl, das verpflanzte Tier anfänglich barfuß gehen zu lassen, dabei aber den Zustand und die Abnützung der Hufe unablässig im Auge zu behalten. Wird der Gang zum Schmied nötig, so soll nicht gezaudert werden, auch wenn der Schmied über die Härte der Hufe flucht.
Und wie steht es mit dem Springvermögen?
Camargue-Pferde springen erstaunlich sicher, solange es um die Überwindung

oben: Gardian-Hütte zwischen zwei Salzseearmen
unten: Auftrieb durch einen Salzsee

von Gräben, Bächen und flachen Hindernissen geht. Ein Hochspringer ist der Camarguais hingegen nicht,

1. weil es im Delta noch nie vertikale Hindernisse gegeben hat;
2. weil er zum Hochspringen auch kaum gebaut scheint.

Wer somit auf Springtournieren glänzen will, wähle besser ein anderes Pferd. Das heißt jedoch nicht, daß man mit viel Geduld den Camarguais nicht auch zum Springen vertikaler Hindernisse bringt. Nur wird er die Springfreude eines irischen Hunters oder Trakehners kaum je entwickeln.

(Knapp eine Woche, nachdem ich den Absatz über das Springvermögen im Entwurf fertiggestellt hatte, nahm ich auf einem normalen Großpferd an einer Vorprüfung für Sportpferde teil. Diese bestand aus einer Dressurprüfung und einem "Cross Country", das über 1800 m Gelände, zehn feste Hindernisse aus Telefonstangen und zwei Auf- und Absprünge führte. Der Schwierigkeitsgrad beider Prüfungen entsprach in etwa dem der leichtesten L-Turniere, war der höchste Sprung doch eine feste Triplebarre von einem Meter Höhe. Sie werden sich die Verwunderung und sogar Bestürzung leicht vorstellen können, die mich befiel, als ich kurz vor dem Beginn des "Cross Country" auf dem Abreiteplatz ein etwa vierzehnjähriges Mädchen seine Runden auf einem reinrassigen Camargue-Schimmel drehen sah, der nicht mehr als 1,35 m Stockmaß besitzen konnte. Und noch größer wurde mein Erstaunen, als ich die beiden während des "Cross" über ein Grabenrick fliegen sah, das ein großer Teil sämtlicher Großpferde kategorisch verweigert hatte. Bei der Preisverteilung befanden sich das Mädchen und der kleine Schimmel mit in der Spitzengruppe – jedenfalls weit vor mir, obwohl ich in der Dressurprüfung befriedigend abgeschnitten hatte. Was ist also daran, am "beschränkten Springvermögen" der Camargue-Pferde? Vorläufig möchte ich hierüber kein abschließendes Urteil mehr fällen müssen! Ist "Asterix" – so heißt der kleine Schimmel – eine Ausnahme oder die Regel? Ich weiß es, ehrlich gesagt, nicht!)

Nachgerade bin ich davon überzeugt, daß der Camarguais selbst die Gardians noch zum Staunen bringt, wenn er sich erst einmal einen festen Platz auch unter dem englischen Sattel erobert hat. Ich bin dessen um so sicherer, als er sich im Augenblick noch in keine der bereits bestehenden Rassen-Kategorien einfügen läßt und so, hinsichtlich seiner Talente unter dem Sportsattel, noch nicht wirklich bekannt ist. Zwar besitzt er Züge des russischen Panje-Pferdes und des Huzulen, des Haflingers und einiger Pony-Rassen, doch auch Eigenschaften des reinrassigen Arabers, des Cowboy-Pferdes und selbst des Lippizaners. Charakterlich ist er zwar zweifellos eines der lautersten, ehrlichsten Pferde, die ich je geritten habe (und vom polnischen Warmblüter über den Trakehner, Hannoveraner, Holsteiner, den Lippizaner, reinen Araber, Berber, Andalusier, habe ich bis zum "Selle Francaise", Anglo-Araber und Vollblüter Vertreter so ziemlich sämtlicher Rassen Europas und Nordafrikas unter dem Sattel studiert). Doch gerade seine Lauterkeit, seine Intelligenz und seine "Initiative" machen ihn, solange man ihn mit anderen Rassen vergleicht, nicht eben leichter verständlich. Um sein Vertrauen muß man sich ehrlich und geduldig bemühen, ohne ihn zu verhätscheln. Denn gleich dem Stall ist ihm jeder übertriebene "Liebesbeweis" eher verdächtig, denn angenehm. Sind die Probleme des anfänglichen Sichaneinander-Gewöhnens jedoch einmal gelöst und wird das Camargue-Pferd weiter richtig behandelt, so wird kein Reiter je müde werden, sich täglich neu über die Persönlichkeit seines Kumpels und über die Beziehung zwischen sich und ihm zu wundern, über eine Beziehung, wie sie nur mit Pferden anzuknüpfen ist, die der Mensch noch nicht verdorben hat.

Der Gardian

Die Gardian-Lehre

Der Gardian erscheint manchem Feriengast in der Camargue als ein Glückspilz, setzt doch seine Arbeit voraus, daß er sich die besten und edelsten Pferde des Patrons ausbedingt und daß er die besten und edelsten Anlagen dieser besten und edelsten Pferde ausbildet und fördert. Tatsächlich ist er ein Sachwalter des Besten und Edelsten schlechthin; nämlich des Lebens in der Camargue. Hat er auch nur ein Gran Sensibilität im Leib, so erscheint ihm sein Beruf schließlich selbst als der beste und edelste überhaupt – was manche Manadiers in der Vergangenheit leider nur allzu oft weidlich ausgenützt haben. Und das offenbar seit jeher. Am 2. Januar 1513, "unter der Herrschaft des Königs von Frankreich, Ludwigs des XII", schlossen sich die Gardians deswegen zu einer Zunft zusammen und schworen sich gegenseitig Hilfe zu: "En présence de Jan Bobard, Prieù de la Glèiso de Sant Jorge... es foundado la Counfrarié di Gardian souto lou voucable dòu Sant de la Glèiso" – "In Anwesenheit Jan Bobards, Prior der Sankt Georgs-Kirche... ist die Bruderschaft der Gardians (hiermit) unter dem Namen des Heiligen dieser Kirche (Sankt Georg) gegründet." In den Statuten der Zunft steht als Artikel 7: "Im Todesfall eines Gardians lassen ihn die Mitglieder der Bruderschaft – so er arm gestorben ist – auf ihre Kosten beerdigen," woraus hervorgeht, daß die Herdenbesitzer damals oft nicht einmal die Bestattungskosten ihrer lebenslangen treuen Knechte übernahmen. Auch anderenorts weisen die Statuten von 1513 die Bruderschaft vor allem als eine Art Gewerkschaft aus, deren höchstes Ziel der gegenseitige finanzielle und moralische Beistand in Notfällen war.

Am 24. Juni 1904 gründeten die Manadiers Jules und Jean Grand, Folco de Baroncelli-Javon, Jean Bérard und andere eine Parallel-Vereinigung zur "Counfrarié de Sant Jorge", die "Nacioun Gardiano", welche sich vor allem zur Aufgabe machte, die Gardian-Tradition und -Tracht, die Reinheit der provenzalischen Sprache und der "Fé", des Stierkults, zu bewahren und weiterzureichen. Heute sieht es so aus, als ob die Mehrzahl der Gardians der "Nacioun Gardiano" und die Manadiers indessen eher der "Counfrarié de Sant Jorge" angehörten. An hohen provenzalischen Feiertagen treten sie jedoch stets gemeinsam auf und sind durch nichts zu unterscheiden.

Manadiers und Gardians reiten ausschließlich reinblütige Camargue-Pferde, thronen in Camargue-Sätteln und haben ihre Tiere nach Camargue-Art aufgezäumt. Sie tragen schwarzweiß kleinkarierte Hosen, deren äußerer Naht entlang eine schwarze Kordel führt, knöchelhohe Stiefel mit mächtigen Sporen, bunte Hemden, welche selten eine schmale Krawatte, hin und wieder eine schwarze Kordel, meistens jedoch nichts am Kragen schmückt; ferner eine, wie die Hosen, schwarzweiß-karierte Weste und eine schwarze, rotgefütterte Samtjacke. Auf

dem Kopf des Manadiers saß bis vor kurzem meistens ein breitrandiger schwarzer Hut, während den des Gardians in der Regel ein grauer zierte. Heute haben sich jedoch diese feinen Standesunterschiede zugunsten des grauen Huts für jedermann verwischt. In den rechten Händen tragen die Reiter die Tridents, die dreizackbewehrten Hüterstöcke von etwa zwei bis zweieinhalb Meter Länge, an deren Spitzen sie Bänder in den Farben ihrer jeweiligen Herdenzeichen festgemacht haben. Ist es Tradition, den betreffenden Festtag mit einem Umzug (etwa durch die Stadt Arles) zu begehen, so haben oft Damen im Arlesierkostüm die Packsättelchen hinter den eigentlichen Gardian-Sätteln auf den Kruppen der Pferde für sich reserviert. Sie thronen da im Damensitz, die langen bunten Röcke über die Kruppen der Schimmel gebreitet, und halten sich am Sattel oder an dem vor ihnen sitzenden Gardian fest. Der "Capitain" der Nacioun Gardiano und ein älterer Vertreter der Counfrarié de Sant Jorge führen in der Regel die Fahnen der beiden Vereinigungen mit. Und wo immer sie so vorüberreiten, jubelt ihnen die Bevölkerung als den letzten Rittern der Provence zu, und viele Jungen beginnen, anläßlich eines solchen Umzuges von einer späteren Karriere als Gardian oder Manadier zu träumen.
Früher trat ein Junge meistens mit zwölf, dreizehn oder vierzehn Jahren die Gardianlehre an. Sie dauerte fünf Jahre. Daraufhin absolvierte er seinen Militärdienst – normalerweise bei der berittenen Truppe – und kehrte dann zu seinem Patron zurück, um dessen Herde erst im Sarg wieder zu verlassen. Bereits während der Lehrzeit, bei der er praktisch nur die niedersten Arbeiten zu verrichten hatte und dabei ständig dem Gespött, der Kritik und den Streichen der anderen Gardians ausgesetzt war, identifizierte er sich mit dem Schicksal und dem Brand "seiner" Herde. Das Wohlergehen der Tiere galt ihm sehr schnell mehr als seine eigene Zufriedenheit. Damit aber wurde er zu jenem berüchtigten Halbwilden, der im Tier eine Art Gott und im Menschen – oft sogar in seinem eigenen Patron – einen Feind seiner Rinder und Pferde erblickte, was den Umgang mit ihm nicht erleichterte. Für den Herdenbesitzer war diese "Vertierung" des Gardians die beste Gewähr für das hohe Verantwortungsgefühl und die Verläßlichkeit des Hirten und überdies dafür, daß dieser auch bei schlechtester Bezahlung und härtesten Bedingungen weiter bei ihm blieb. Damals, das heißt etwa vom 13. Jahrhundert an bis zum zweiten Weltkrieg, hielt sich ein Herdenbesitzer so, je nach der Anzahl seiner Herden, zwei oder drei Gardians, einen bis zwei Lehrlinge, die ihn nur die Kammer und das Essen kosteten, und einen Baile-Gardian – wörtlich: Vertrags-Hirten –, der seine eigene Anwesenheit im Gehöft erübrigte. Mancher großer Manadier wohnte damals während neun Zehnteln des Jahres in der Stadt, wo er in der Regel als Magistrat, Bürgermeister oder Unternehmer wirkte. Die Gardians behausten mittlerweile teils die Gesindekammern der Gehöfte, teils jene typischen ein- bis zweikämmerigen schilfbedeckten, weißgekalkten Camargue-Hütten (Cabanes), deren Nordseiten, stets abgerundet, dem Mistral möglichst wenig Angriffsfläche darbieten. Noch vor hun-

dert Jahren bauten sich die Gardians diese Hütten selbst und verlegten sie stets auf eine leicht erhöhte Stelle, in eine Tamariskenlichtung oder unter einen schützenden Baum mitten auf die Weiden. Hierzu mähten sie erst tagelang Schilf, bündelten es darauf zusammen, hoben endlich eine hufeisenförmige Grube aus, in die sie die Schilfbündel aufrecht einpflanzten. Dann karrten sie vom Gehöft des Patrons oder aus Arles Steine herbei und errichteten die Fassade der Hütte. Mauer und Schilfwerk wurde nun von innen und außen dick mit Lehm verputzt. Auf der Innenseite der Fassade baute sich der Gardian einen Feuerplatz mit Kamin, zog – ebenfalls aus Schilf und Lehm – vielleicht noch eine Zwischenwand ein; dann mußte der Mistral den Rohbau trocknen, bevor die Gardians das Dach einzogen. Das fertige Schilfdach erhielt stets einen Lehm-Hut und der zentrale Dachbalken des Nordrunds eine Querverstrebung, was sich von weitem als schräges Kreuz in Mistralrichtung erkennen läßt. Der Boden der Cabane bestand meistens aus gestampftem Lehm, das Mobiliar aus einer Pritsche, einem oder zwei Stühlen, einem Tisch und einem am Dachbalken gegen die Ratten und Mäuse aufgehängten Vorratsschrank. Vor der Hütte, welche oft eine blau- oder grün-gestrichene Türe schloß, hing stets eine fünf bis zehn Liter fassende tönerne Wasserflasche an einem Tamariskenast. Im Sommer band der Gardian noch einige Tücher um die Flasche. Das durch den porösen Ton sickernde Wasser netzte so unablässig die Tücher, denen durch das Verdunsten dann so viel Wärme entzogen wurde, daß man das Wasser im Krug abends durchaus als "gekühlt" bezeichnen konnte.

Jahraus, jahrein lebte der Gardian oft dreißig oder vierzig Kilometer vom Stammgehöft entfernt, monatelang allein mit der Herde, mitten zwischen Sümpfen auf der Steppe. Hin und wieder kam der Baile-Gardian zum Überzählen der Tiere angeritten, half auch einmal beim Einfangen eines Jungpferdes, brachte jedenfalls im Korb auf einem Packpferd ein Säckchen Mehl, eine Flasche Öl, Hartwurst oder einen Schinken, einen Topf Sardellen und einen Beutel mit Zwiebeln und Knoblauch mit und Hafer für die Pferde. Für alle übrigen Nahrungsmittel sorgte der Gardian selber. Auf den Weiden wuchsen wilde Spargel und etwas magerer Salat. Nach Gewittern fanden sich Pilze, und vier, fünf Kilometer entfernt kannte er einen Feigenbaum, mit dessen getrockneten Früchten er seinen Morgenkaffee süßte. In den Roubinen fingen sich Aale in Reusen und grünte Brunnenkresse. Und allüberall hoppelten Kaninchen zu Tausenden herum und waren mit dem Trident leicht zu erlegen. Im Winter schoß der Gardian Wildenten und Rebhühner, einmal auch ein junges Wildschwein, die er über der Glut des Herdfeuers röstete, und aß wilden Lauch oder wilde Karotten dazu.

Den Weihnachts- oder Sylvesterabend verbrachte er mit den anderen Gardians und dem Patron im Stammgehöft und erhielt bei dieser Gelegenheit vorgerechnet, was er das Jahr über an Vorschüssen bezogen hatte und was ihm vom Lohn nun noch übrig blieb. Oft handelte es sich gerade noch um ein Paar Hosen, ein

Paar neuer Holzschuhe oder, wenn es hoch kam, um einen neuen Sattel oder eine pelzgefütterte Jacke und etwas Tabak.
Auf diese Weise schlugen sich die Gardians – in der Regel frauen- und kinderlos – wie gesagt bis zum letzten Weltkrieg durch. Während des Krieges verarmten viele Herdenbesitzer, andere mußten Teile ihres Landes verkaufen oder Teile ihrer Herden. Auf jeden Fall wurden Dutzende von Gardians gezwungen, andere Berufe auszuüben, was ihnen kaum jemals gelang. Die übriggebliebenen Patrons zogen nach dem Krieg meistens mit in die Gehöfte ein und ritten von nun an als ihre eigenen Baile-Gardians. Stellten sie sich in der Folge nicht auf den Reisbau oder Obstplantagen um, beschäftigten sie von nun ab nur noch einen Gardian und in der Regel einen zum Reiten meist zu alten Helfer, der sich um die Tiere auf dem Hof zu kümmern hatte. Die Cabanes auf den abgelegenen Weiden zerfallen inzwischen oder dienen zum Aufbewahren allerlei Werkzeugs. Der Gardian-Beruf wurde als der eines Landarbeiters staatlich reglementiert. Der Hirte wohnt und ißt nun mit am Tisch des Herdenbesitzers im Gehöft, ist kranken- und unfallversichert, hat einen Mindestlohn und jährlich Ferien zugut. Der "Gardian-Lehrling" wird vom ersten Tag an als ungelernter Knecht bezahlt und genießt offiziell keine Lehre mehr. Heute, das heißt seit dem Aufkommen des Touristenreitens, lassen sich die Jungen, die sich für den Gardianberuf interessieren, vor allem in Pferdeverleihstationen anheuern, verdienen hier mehr oder weniger gut, sind während der Saison gefragte Eintagsliebhaber und vergessen darüber ihr Ziel, mit den Stieren umgehen zu lernen.
Aber nach wie vor ist der Sinn und Zweck des Gardian-Berufes allein das Treiben, Aussondern und Pflegen der Kampfstiere und die Verrichtung all dessen, was damit zusammenhängt: das Unterhalten und Ausbessern der Zäune, das Überwachen der Stiere während der Kämpfe, das Verarzten kranker oder verunfallter Rinder, das Abrichten der Stierpferde, das Ausbessern des Sattelzeugs.
Ich habe einen Herbst lang auf einer Weide geritten, die rund eintausend Hektar umfaßte, vierhundertfünfzig "gekreuzte spanische Stiere" und einhundertfünfzig Camargue-Rinder ernährte und von Fließsandlöchern und tückischen Böden nur so strotzte. – Wir kamen jeden Morgen um fünf Uhr im Lieferwagen bei dem zur Weide gehörenden verlassenen Gehöft an, brachen sogleich auf, um die Pferde einzufangen, banden diesen die Hafersäcke um, sattelten und zäumten endlich und ritten gegen sechs Uhr los. Die Weide war nur im Norden, Nordosten und Westen eingezäunt; im Süden und Südosten grenzten gefährliche Sümpfe, Roubinen und Tamariskendickicht sie von einem Steppenstreifen ab, der bis zum Meer reichte. Das Gros der Rinder hielt sich stets auf der eigentlichen Weide auf. Einzelne ältere Bullen und die Kühe, wenn es zum Abkalben kam, zogen sich jedoch immer wieder ins Röhricht zurück, und sie zu finden und zurückzutreiben, ohne sich selbst zu verirren oder in ein Schlickloch zu geraten, war kein leichtes Stück Arbeit. Ich stand damals mitten in meiner

Lehrzeit, ritt einen wenig wertvollen, ungelenken Klepper von gekreuztem Blut und wurde deshalb oft auf die Rindersuche geschickt. Die anderen Gardians trieben unterdessen die rund sechshundert Tiere zusammen und vor sich her zum Gehöft, bei dem ein Pferch zum Aussondern einzelner Rinder und ein anderer zum Zusammenhalten der ausgesonderten Stiere angelegt war.
Oft dauerte allein der Auftrieb bis gegen neun Uhr. Ein Kalb, das den Aufbruch der Kuh in der Sonne verschlafen hatte und nun plötzlich, da die Herde beinahe schon beim Korral anlangte, blökte, konnte erst nur die Mutter nervös machen, um, im schlimmsten Fall, endlich die gesamte Herde durchbrennen zu lassen, worauf mit dem Auftrieb von neuem zu beginnen war. Wurde ich einmal nicht in die Sümpfe abgeordnet, so hatte ich die fehlenden Kälber zu suchen, zu finden, zu Fuß anzuschleichen und vor mich in den Sattel zu packen, bevor diese richtig erwachten, da sie sich anderenfalls wie Teufel gegen jede Berührung wehrten. Daraufhin hatte ich sie der Mutter zu bringen, die sich meistens durch ihre Nervosität verriet, hatte sie in deren Nähe abzusetzen, ohne mich dabei von ihr angreifen zu lassen. Oder es kämpften ein paar Bullen während des Auftriebs miteinander und steckten die ganze Herde mit ihrer Reizbarkeit an, so daß sich die Tiere störrisch, bösartig und gefährlich zeigten, bevor wir mit dem Aussondern auch nur begonnen hatten. – Es war auf dieser Weide in der Kleinen Camargue, daß ich – bisher ausschließlich mit reinrassigen Camargue-Stieren vertraut, welche Reiter nur selten angreifen – die "gekreuzten Spanier", die gnadenlos alles überrennen, was sich nur bewegt, zu respektieren und auch ein wenig zu fürchten lernte. Denn bereits am dritten Tag bei meinem neuen Patron durchbohrte eine mißlaunige Kuh meine Wade mit einem Hornstich, und das darauf folgende Donnerwetter des Manadiers – "Reiter kann ich ersetzen, ein Stierpferd jedoch nicht!" – wurde mittlerweile zu einer stehenden Wendung, obwohl mein Grauer damals keinen Kratzer abbekommen hat.
Waren die Rinder endlich im Pferch eingeschlossen, ging es sogleich ans Aussondern. Der Manadier ritt mitten zwischen die schwarzen, gescheckten und roten Leiber – vorzugsweise im Schritt – und setzte sich auf die Spur beispielsweise eines vierjährigen Bullen. Sowie dieser den Herdenrand erreichte, setzte sich des Patrons Schimmel in Galopp und löste den Stier vollends aus dem Herdenverband. Die Gardians, die die Herde zusammenhielten, hatten sich noch im selben Augenblick aus seinem Weg zu trollen, da sie anderenfalls unweigerlich angegriffen worden wären. Flohen sie zu früh, so konnte sich die Herde zerstreuen oder versuchen auszubrechen. Entkamen sie zu spät, so erwischte sie der Bulle. In jedem Fall stauchte sie der Patron zusammen oder jagte sie – nach ausgewachsenen Fehlern – kurzerhand vom Platz.
War der Bulle ohne Zwischenfall durch die Kette der Gardians gedrungen, so hatten nun wir Junggardians das Tier zu übernehmen. Im Schritt oder Trab öffneten wir ihm den Durchgang zum Nebengehege, schlugen einen Bogen, setzten uns hinter seine Kruppe und trieben ihn an. Wirbelte er herum, so

mußten wir unsere Pferde gleichzeitig herumwerfen und zu entkommen versuchen, ohne den Stier uns nach mit in den Herdenverband zu locken. Trottete er indessen gleichmütig weiter, so hatten wir leichtes Spiel. Waren daraufhin zehn oder zwölf vierjährige Bullen beisammen, so fuhr der Stiertransportwagen des Patrons rückwärts an die eigens hierfür aus Lehm aufgeschüttete Laderampe. Der Chauffeur ließ die Ladebrücke herab, öffnete das Drahtportal, und wir hatten die Tiere im Galopp und laut schreiend auf den Wagen zu treiben. Die Ladebrücke wurde hochgezogen. Wir kletterten auf das Dach des Autos, das aus drei langen Brettern bestand, die auf den metallenen Bogen über den Stieren festgeschraubt waren, legten uns flach so hin, daß uns die Hörner auch eines bockenden Stiers nicht erreichen konnten, packten die dicken Anbindeseile mit den Schlingen am Ende und fischten damit nach den Hornpaaren der Bullen, um sie endlich anzubinden. War dies vollbracht, so hatten wir uns schleunigst wieder in unsere Sättel zu schwingen. Denn während der Transportwagen langsam anfuhr, um die Bullen auf die Winterweide zu bringen, sonderte der Patron bereits den ersten Stier der nächsten Ladung aus, und wehe, wenn wir ihn nicht rechtzeitig an unseren angestammten Plätzen übernahmen! – So ging es fort bis zwölf Uhr mittags. Die feuchte Hitze hatte sich inzwischen zu einem gelblichen Schleier verdichtet. Stechfliegen, Bremsen und Mücken umschwärmten die Pferde, die Rinder und uns in geballten Wolken. Die Stiere und selbst die Kühe griffen sich unablässig an und ließen sich immer schwerer aussondern. Der salzglitzernde, von der Herde und unseren Pferden aufgewirbelte Staub beizte die Augenlider, drang in die Nasen, Ohren, Münder, vermischte sich mit dem Schweiß in den Gesichtern zu einem grauen Brei, dörrte die Kehlen aus und ließ unsere Lippen aufspringen. Da, endlich, nach der Abfahrt des vierten Transportwagens, gebot der Patron Mittagszeit.

Bei Tisch gab es Fleisch von einem "anouble", einem einjährigen Kalb, das am Tag zuvor von ein paar Jungbullen zu Tode getrampelt worden war, Brot, frische Zwiebeln, Sardellen und Wein. Als der Patron sein Gardianmesser zusammenklappte, hatten wir ihn – nach alter Tradition – umgehend nachzuahmen, mochten wir auch erst halbsatt sein und noch viele Steaks auf der Platte in der Tischmitte liegen. – Eineinhalb Stunden nach dem Absatteln sattelten wir wieder auf. Der Patron und die älteren Gardians tauschten ihre müden Schimmel gegen frische aus. Für uns Lehrlinge gab es keine Ersatzpferde. Punkt zwei Uhr schloß ich erneut das Gattertor hinter den Reitern und mir selbst. Wir sonderten von neuem Stiere aus, dann Kühe mit Kälbern, dann Kühe ohne Kälber, dann zweijährige, dann dreijährige Jungbullen, dann Cocardiers (Kampfstiere mit reinem Camargue-Blut), dann Kühe mit reinem Camargue-Blut, dann die Jungbullen mit reinem Camargue-Blut... Tag für Tag, bis alle sechshundert Tiere verladen und auf verschiedene Winterweiden weggebracht waren.

Früher wurden solche Weidenwechsel stets "zu Fuß" ausgeführt. Der Patron lud hierfür sämtliche Freunde und Bekannte ein. Zehn bis dreißig Reiter umkreisten pausenlos die Herde und trieben sie an. Noch heute schwärmen die alten Gardians von jener Zeit, obgleich sie damals nicht selten mit den Rindern die Rhône durchschwimmen oder Salzseen durchqueren mußten und dabei wohl nicht eben schlecht geflucht haben dürften. Heute untersagt allein schon der Verkehr auf den Straßen solche Abenteuer; es sei denn, die Herde wechselt von einer Weide zur anderen im gleichen engen Bezirk.

Wer sich die Tätigkeit des Gardians mit viel Cowboy-Romantik versüßt denkt, mit abendlichen Lagerfeuern, Guitarrenklängen, Heldensängen, irrt sich beträchtlich. An Tagen, an denen man dem Patron zur Verfügung steht, fühlt man sich abends in der Regel so erschlagen, daß man selbst zum Essen zu müde ist. Und an den Tagen, da man in der eigenen Herde abkömmlich ist, hat der Patron einen oft an Nachbarn ausgeliehen, oder Heu muß abgeladen, oder eine Brücke über den Kanal geschlagen oder instandgesetzt werden, oder drei Jungpferde warten darauf, daß man sie zum ersten Mal reitet. Jedenfalls ist man abends wieder nur von dem Gedanken besessen, endlich schlafen zu können.

Denkbar ist zwar durchaus, daß der Gardianberuf früher, als die Hirten noch monatelang allein in ihrer Cabane zwischen den Schilfmeeren hausten, weit romantischer und weit weniger aufreibend war. Heute hat die Hast aber selbst die Camargue erfaßt, wenn sich diese auch dagegen aufzulehnen scheint. – Oder nein! Irgendwie ist die – nicht Hast, eher – Betriebsamkeit dem Gardian auch angeboren. Bisher habe ich im Rhônedelta jedenfalls noch keinen einzigen echten Gardian kennengelernt, der länger als drei Minuten hätte untätig herumsitzen können. Jan, Justin, Roger, Pierre: entweder schlafen sie, oder sie sind beschäftigt, denn "wenn du mit Tieren umzugehen hast, erledige die Alltäglichkeiten stets unverzüglich, um bereit und gerüstet zu sein, wann auch immer aufzubrechen und deinen Schützlingen beizustehen," sagte einmal Jan. Tatsächlich habe ich während eines Winters oft abends um fünf Uhr noch einmal schnell die Rinder überzählt, ritt darauf befriedigt ins Dorf zurück, und am nächsten Morgen mußte ich das Verschwinden von sieben Kühen und drei Kälbern feststellen. Da gab es keine Ausrede. Die Tiere mußten gesucht und gefunden werden, war man auch drei Tage unterwegs, mußte auch der Vaccarès bis zum Bois de Riège durchritten werden, und mochte auch der Mistral Stein und Bein gefrieren.

Einmal, im Januar, durchkämmte ich so mit meinem Patron, der damals schon beinahe siebzig war, den "Pâty de la Trinité", das "Schilfmeer der Dreifaltigkeit", auf der Suche nach zweiundzwanzig Stieren und Kühen, die den Nordzaun unserer Weide in Carrelet an zwei Stellen durchbrochen hatten. Der Mistral pfiff uns polarkalt in die Gesichter. Obwohl die Sonne strahlend höher und höher stieg und obgleich wir die Reißverschlüsse unserer schaffellgefütterten Lederjacken bis unter das Kinn hochgezogen hatten, schlotterten und bebten wir vor Kälte in den Sätteln; der Patron, wenn er sich unbeobachtet glaubte, ich alleweil. Wir ritten im Schritt dem Damm entlang, der Carrelet mit dem Weiler "der Dreifaltigkeit" verbindet und spähten unablässig über das links von uns wogende Schilfmeer, um Halmbüschel auszumachen, die sich plötzlich gegen den Wind stellten, oder Wildenten, die scheinbar grundlos unvermittelt aufflogen, das heißt Anzeichen, die den Standort unserer Rinder hätten verraten können. Vergeblich! Gegen neun Uhr erreichten wir den Weiler und erkundigten uns bei einem alten Wilderer, ob er die Tiere nicht gesehen habe. "Nein", antwortete er, "wenn die überhaupt im Pâty stecken, so müssen sie auf dem kleinen hohen Boden, zwischen den beiden Kanälen stehen!" Wir umritten die Häuser an der Straße, trotteten dann einer Birnbaumplantage entlang und trieben unsere Schimmel endlich ins kniehohe Wasser des Schilfmeeres hinab zwischen die Halme, deren Büschel unsere Köpfe wohl um einen Meter überragten. Zwei Stunden lang irrten wir kreuz und quer durch den Sumpf, um eine frischgebrochene Passage durchs Röhricht zu finden, welche von unseren Rindern hätte stammen können. Nichts!

Endlich, es mochte um die Mittagszeit sein, unsere Schimmel zeigten sich allmählich müde vom Halmeknicken, Durchgangbrechen, Schlamm- und Wasserstampfen; endlich erreichten wir den ersten Kanal, der, ungefähr drei Meter tief, bis zum Rand voll lehmgrauen Wassers stand. Der Patron hielt an und wandte sich zu mir um: "Die Pferde beginnen müde zu werden", sagte er, "wir können ihnen nicht auch noch den Umweg über die Dammbrücke zumuten!" Er berührte hierauf die Flanken seines Wallachs kurz mit den Sporen und das Pferd tat aus dem Stand einen weiten Satz, mitten in den Kanal hinein. Das Wasser schlug über ihm zusammen und stieg einen Augenblick bis unter die Arme des Manadiers. Darauf erkletterte der Schimmel – zwei Schritte hoch, einen zurückrutschend – das gegenseitige Ufer und schüttelte sich ausgiebig unter seinem Reiter. Als sich der Patron diesmal triefend zu mir umwandte, grinste er – obwohl schlotternd – über das ganze Gesicht und rief: "Alors? – Vene, vene!" Was blieb mir anderes übrig, als es ihm gleichzutun und mich mit meinem Dur in das den Rändern entlang zu Eis erstarrte Kanalwasser zu stürzen?

Ich sah den Patron immer bleicher werden, dann lief er blau an, obgleich hier, mitten im Röhricht, der Mistral an Macht eingebüßt zu haben schien, uns überdies in den Rücken blies und die Sonne nun im Zenit stand. Würde er durchhalten können? – Gegen zwei Uhr gelangten wir auf den hohen Boden, von dem der Wilderer gesprochen hatte, ließen uns aus den Sätteln gleiten, lockerten die Gurten und gönnten den Pferden eine halbe Stunde Rast. Mir knurrte der Magen. Ich rollte mir eine Zigarette aus feuchtem Tabak, die ich lange vergeblich anzubrennen versuchte. Der Patron hatte seine Jacke ausgezogen, über einen Tamariskenast ausgebreitet und sich selber mit klappernden Zähnen, den Rücken dem Mistral zugewandt, an den Tamariskenstamm gelehnt. Dann war erneut bloß Röhricht um uns, Wasser, Morast, das Pfeifen und Heulen des Mistrals und hie und da ein Schrei eines aufgeschreckten Sumpfvogels. Gegen vier Uhr, die Sonne stand bereits tief im Westen, machte ich schräg voraus hoch über uns einen mächtigen Raubvogel aus, Geier oder Adler. Ich rief den Patron an und zeigte auf das Tier, worauf er, ohne ein Wort zu verlieren, sein Pferd nach Südosten wendete. Keine hundert Meter weiter, stießen wir auf den zweiten Kanal, den es, gerade als unsere Kleider wieder als einigermaßen trocken gelten konnten, ebenfalls zu durchschwimmen galt.

Eine Viertelstunde später krachte es unvermittelt vor uns im Schilf. Unsere Pferde beschleunigten den Schritt, und wir erspähten kurz darauf drei unserer Kampfstiere, dann zwei Kühe mit Kälbern, schließlich eine ganze Gruppe Rinder mit sechs noch nicht einjährigen Kälbern. Der Patron sandte mich voraus, um eine der Lücken im Zaun zu lokalisieren, wenn nötig zu vergrößern und den beigetriebenen Tieren lockend den Durchlaß zu zeigen. Als er sie schließlich auf die Weide zurückgebracht hatte, mußten wir die Zaunlücken bis lange nach Sonnenuntergang, knietief im Wasser watend, mit Tamariskenästen, Drahtresten und Knüppeln notdürftig schließen, bevor wir endlich zum Mas zurückreiten, absatteln und in des Patrons Lieferwagen ins Dorf zurückfahren konnten.

Vierzehn Tage später rissen dreißig Rinder zum Nachbarn im Westen aus; sechs Wochen später entkamen beinahe sämtliche Cocardiers quer durch den Vaccares auf den "Bois de Riège"; in jedem Fall hatten wir sie zurückzubringen, was im frühen Frühling, bei eisigem Mistral und in den überschwemmten Teilen der Tiefcamargue alles andere als ein romantisches Vergnügen war.

Wie das Ziel alles Zureitens im Rhônedelta vor allem die Gewinnung eines Partners und Mitarbeiters für die Arbeit mit den Stieren ist, so hat auch das Sattel- und Zaumzeug des Gardians nur den einen Zweck: den Umgang mit den Stieren wirkungsvoll und im Rahmen des Möglichen gefahrlos zu machen.

Der Gardiansattel besteht aus einem zweiteiligen, dickgepolsterten eisernen Sattelbaum, dem zwölf bis fünfzehn Zentimeter hohen Vorderzwiesel, dem bis zu zwanzig Zentimeter hohen Hinterzwiesel, die beide aus lederbekleidetem Holz bestehen und mit dem Sattelbaum verschraubt sind; ferner aus zwei mächtigen rechteckigen Sattelblättern, zwei Packtaschen, die vor dem Vorderzwiesel festgeschnallt sind und in der Regel ein Hemd zum Wechseln, Lederriemen, ein Gardianmesser und bei Rauchern Tabak, Papier und Streichhölzer enthalten; hinzu kommen das Packsättelchen, hinter dem Hinterzwiesel, über das der Schweifriemen führt und das ebenso der Frau oder Freundin des Gardians als Sitzplatz wie dem Werkzeugsack als Aufschnall-Fläche oder einem kranken Kalb als Bahre dient, und drei Sattelgurte. Der Gardiansattel wird seinem zukünftigen Besitzer stets genau angepaßt, ist also Maßarbeit, was den Reiter zwingt, entweder auf seine Linie zu achten oder sich von Zeit zu Zeit einen neuen Sattel anmessen zu lassen. Die Form des Camargue-Sattels geht in direkter Linie auf die Rittersättel des Mittelalters zurück. Wie in diesen, wird in ihm mit nahezu durchgestreckten Beinen, das heißt mit sehr langen Steigbügeln geritten, welche – Halbkörbe aus schwerem Schmiedeeisen – jeder oft bis zu einem Kilo wiegen. Der ganze Sattel mit den leeren Packtaschen, dem Schweifriemen, dem Martingal, dem Packsättelchen, den Bügeln und Gurten wiegt, je nach der Größe und Qualität des verarbeiteten Leders, zwischen fünfzehn und zwanzig Kilogramm. Zur Ausrüstung der Stierpferdes gehören zusätzlich: das schwere Zaumzeug mit dem "Caveçon" und einer oft übertrieben langschenkligen, gebrochenen Kandare, die in ungeübten Händen zu einem Marterwerkzeug werden kann, und der "Seden", ein aus Pferdeschweif- oder Mähnenhaar geflochtenes, äußerst reißfestes Seil, das sowohl zum Anbinden des Pferdes wie auch als Lasso dient. Ordnet man dem Gardian siebzig Kilo Körpergewicht, fünf Kilo Kleidung und Stiefel und zwei bis drei Kilo für den Trident, den Hüterstock aus Kastanienholz mit der schmiedeeisernen Dreizackspitze zu, so schleppt das Camargue-Pferd bei der Arbeit rund einhundert Kilogramm Gewicht, und das oft acht bis zehn Stunden am Tag in starkem Schritt oder voller Karriere.

Der zum Zaumzeug gehörende "Caveçon" ist in Wirklichkeit ein Kappzaum, dessen Nasenstück jedoch nicht aus Leder, sondern aus einer innen mit mehr oder weniger spitzen Zacken versehenen, fahrradkettenähnlichen, metallenen Gliederbrücke besteht. An der Außenseite der Kette sind drei bewegliche Ringe angebracht: zwei für die Zügel aus Baumwollseil und der in der Mitte für das Halteseil des Jungpferd-Führers oder für die Longe. Bis ein Jungpferd fertig zugeritten und auch für die Arbeit mit den Stieren völlig abgerichtet ist, wird es, obwohl vom ersten Tag an mit der scharfen Kandare versehen, vornehmlich auf Caveçon geritten. Es lernt dadurch beinahe von selbst der "rêne d'appui", das heißt beispielsweise dem rechts am Hals anliegenden Zügel nach links auszuweichen oder dem links am Hals anliegenden Zügel nach rechts zu entgehen. Diese, dem deutschen Sportreiter wohl abwegig erscheinende Zügelführung erhält ihre Daseinsberechtigung einmal dadurch, daß der Gardian ja stets nur eine Hand – die Linke – für die Zügel frei hat, da er mit der anderen den Trident führt; zum anderen dadurch, daß das Camargue-Pferd beinahe ausschließlich durch Gewichtsverlagerung, Kreuzeinwirkung und die Schenkelhilfe gewendet wird – und sei es in voller Karriere und auf engstem Raum. Die Zügel, die bei vielen Gardians nicht nur leicht anstehen, sondern oft sogar durchhängen, dienen vor allem dem Durchparieren, eine Hilfe, die von gutgerittenen Stierpferden so augenblicklich angenommen wird, daß der ungeübte Camargue-Reiter dabei oft über die Mähne und den Kopf seines Schimmels hinweg einen tadellosen Salto schlägt.

oben: Zäumung und Zügelführung in der Camargue
links unten: Gardian-Sattel mit Seden und Packsättelchen
rechts unten: Einer der letzten Sattelmacher der Camargue

Obgleich ich im letzten Abschnitt dieses Kapitels ausführlich über die französische und Gardian-Zügelführung, als über einen der wesentlichsten Unterschiede zur deutschen Reitweise, berichten werde, möchte ich hier dennoch kurz auf den Caveçon zurückkommen, der vielen Sportreitern anfänglich ebenfalls als ein Marterwerkzeug erscheint. In Wirklichkeit ist er – richtig angewendet – genau das Gegenteil, denn durch die Führung der Caveçon- und Kandaren-Zügel mit nur einer Hand wirkt jedes Durchparieren zuerst auf die Nase und dann erst auch auf das Maul. Beim Zureiten des Jungpferdes und während der ersten zehn bis zwanzig Lektionen werden die vier Zügel zwar stets mit beiden Händen angepackt; wird aber der Kopf des Tieres dabei anfänglich auch hin und wieder mit dem Effekt der "rêne d'ouverture" herumgezogen, so leidet wiederum nicht das Maul, sondern der Caveçon wirkt vor allem auf die Nase. Gutgerittene Camargue-Pferde bewahren sich dadurch bis ins höchste Alter die volle Empfindlichkeit des Mauls und lassen sich buchstäblich an einem Seidenfaden durchparieren. Wie wichtig diese Eigenschaft bei der Arbeit mit den Stieren ist, sieht man in der Regel erst ein, wenn man einmal die Gelegenheit bekommen hat, einem ausreißenden Kampfstier nachzusetzen, der erst lange Hasenhaken schlägt, um schließlich in einem Sprung herumzuwirbeln und das verfolgende Pferd anzugreifen. – Das Hakenschlagen und Herumwirbeln in voller Karriere ist eine Spezialität des Camargue-Stieres und mußte deshalb auch eine Spezialität des Camargue-Pferdes werden. Der Caveçon tut dem Pferd nicht mehr und nicht weniger, als es entsprechend anzuleiten, ohne seine wichtigste andere Eigenschaft – das sensible Maul – in Gefahr zu bringen. Und auch viele hartmäulige Sportpferde gewinnen meiner Erfahrung nach nur, werden sie während einiger Monate ausschließlich oder vor allem auf Caveçon geritten.
Das dritte "Marterwerkzeug", das manche Leute aus dem Norden neben der Kandare und dem Caveçon am Gardian bemäkeln, ist das Sporenpaar mit den zugegeben scharfen und langen Räderspitzen. Jan, mein erster Patron in der Camargue, antwortete einmal auf eine spitze Bemerkung seitens eines Kavallerie-Offiziers aus der Schweiz: "Richtig, wir reiten mit bösen Caveçons, mit kieferbrechenden Kandaren und Sporen, die Gedärme freizulegen vermöchten – doch wir gebrauchen sie bloß in äußersten Notfällen und selbst dann nur mit größtem Taktgefühl!" Etwas später fügte er damals zu mir gewandt an: "Wehe dem, der mangels anständiger Sporen nicht im einzig richtigen Moment vor einem Stier ausreißt!" Ziemlich genau vier Wochen später durchstieß jene bösgewordene Kuh meine linke Wade nur, weil ich aus Furcht vor den kritischen Blicken des neuen Patrons keine Sporen trug und mein im Umgang mit Stieren "grüner" Grauschimmel so den "einzig richtigen Moment, auszureißen" einfach verschlafen hatte.

Gardian beim Zureiten im Galopp

Der Gardian und sein Pferd

Wer zum ersten Mal einen Gardian in starkem Schritt zur Arbeit reiten sieht, wird seine Haltung im Sattel wohl etwas trottelig finden. Da sitzt dieser Mensch doch schlaksig gerade oder leicht hinter der Senkrechten, jedenfalls: gegen den Hinterzwiesel des Sattels zurückgelehnt, wie in einem Fauteuil, die Beine gerade herabhängen lassend, die Linke mit den alles andere als anstehenden Zügeln nachlässig in den Gürtel eingehakt, die Rechte am quer über der Schulter liegenden Trident, und seine Füße pendeln bei jedem Schritt im Takt. Doch sehen Sie ihn jetzt, da er das Drahtportal der Weide hinter sich geschlossen hat, wieder aufgesessen und, ohne auch nur ein Glied nennenswert zu verrücken, urplötzlich in voller Karriere davongeprescht ist, hinüber zu einigen Stieren, die aneinander geraten sind. Die Bullen trennen sich, sowie sie ihn herangaloppieren hören. Ohne anzuhalten, doch nicht weniger trottelig, als vorhin, jagt er weiter, einer Jungkuh nach, die dem Nachbarn zu gehören scheint. Sein Schimmel satzt nun im rechten Winkel nach Norden und drei Sprünge später nach Südosten, der Kuh nach, ohne daß der Gardian auch nur einen Finger gerührt zu haben scheint. Die Kuh flitzt nach Norden zurück, hakt schon wieder herum, diesmal nach Westen auf uns zu, und der Kampfstierhirte lehnt noch immer völlig bewegungslos in seinem Fauteuil, den Daumen der Zügelhand weiter in den Gürtel eingehängt, und nicht einmal die zwei blitzartig erfolgten Seitensprünge, mit denen der Schimmel einer Reihe Kaninchenlöcher ausgewichen ist, haben ihn geweckt. Er sitzt, wie angeschraubt, so völlig losgelassen, daß man ihn allen Ernstes schlafen glaubt. Fragt man ihn darauf, wie er das nur mache, so grinst er verlegen, zuckt mit den Achseln und antwortet endlich, er "mache" ja gar nichts – was genau der Wahrheit entspricht.

Zweifellos gewährt der Gardiansattel unvergleichbar mehr Halt als der flache englische Sattel, und ebenso zweifellos ermüdet man mit gestreckten Beinen und gegen die Rückenstütze gelehnt wesentlich weniger schnell als in einem Sportsattel. Doch ohne die Rückenstütze und die für die Gardianreitweise charakteristische Verlagerung des Schwerpunktes in die Tiefe, vermöchte niemand lange bei der Arbeit mit den Stieren zu bestehen. Wer aber inmitten der vornehmlich für den Kampf mit Fußgängern gezüchteten Stiere aus dem Sattel kippt, kann ziemlich sicher sein, nicht heil nach Hause zu kommen. Und hat man Kälbern nachzusetzen, die, noch gewandter, noch nervöser als die Eltern, kreuz und quer über die Weide flitzen, so kann man seine Aufgabe nur befriedigend lösen, wenn man sein Pferd möglichst im gleichen Augenblick umspringen läßt, in dem das Kalb seinen Haken schlägt. Ein gutes Stierpferd wird mit der Zeit die urplötzlichen Richtungsänderungen des verfolgten Rinds instinktiv vorauszusehen lernen und oft scheinbar grundlos unvermittelt einen Seitensprung machen, der noch den besten Reiter aus jedem Flachsattel katapultieren würde.

Ja, die Jungpferde beginnen oft sogar schon lange vor ihrer Reife aus eigenem Antrieb, auf der Weide Stiere aus der Herde auszusondern oder Rinder über die Steppe zu verfolgen, wie das von einem Junghengst Albert Espellys berichtet wird, der einen ausgewachsenen Stier während der Mittagsruhe zum Spaß so lange vom Herdenverband isoliert hielt, bis dieser die Geduld verlor und ihn durch einen Hornstich an der Flanke verletzte.

Greift ein Camargue-Stier scheinbar grundlos einen Reiter an und reißt dieser aus, so wird sich der betreffende Bulle in Zukunft kaum jemals wieder aussondern lassen, ohne erneut anzugreifen. Deshalb gibt es in diesem Fall nur eines: den Trident fällen und den anrasenden Stier mit einem harten Stoß zwischen die Ohren oder knapp über die Nüstern aufhalten, was nicht nur größten Mut vom Gardian und seinem Pferd erfordert, sondern auch außerordentliches Geschick und starkes gegenseitiges Vertrauen des Reiter-Pferd-Paares und – einmal mehr – einen Gardiansattel, ohne dessen Rückenstütze der Reiter durch den Aufprall des Stieres glatt vom Pferd gewischt würde.

Eine ähnlich schwere Prüfung für das Pferd, bei der ebenfalls der Trident eine wichtige Rolle spielt, ist die "Ferrade", das Brennen der Jungstiere, bei dem der ein-, zwei- oder seltener sogar dreijährige Stier aus dem vollen Galopp mit dem Trident umgeworfen wird.

In jedem Fall taugt das Reiter-Pferd-Paar nur ebensoviel wie das Vertrauen, das zwischen dem Gardian und seinem Schimmel zirkuliert. Ich habe hierauf bereits im zweiten Kapitel hingewiesen, möchte in der Folge aber die Bedeutung des Vertrauens noch einmal unterstreichen. Denn solange das Camargue-Pferd nicht felsenfest davon überzeugt ist, daß der Gardian den angreifenden Stier mit dem Trident auch bezwingen kann, solange wird es dem Bullen tatsächlich unterlegen sein. Der Kampf, der sich hier abspielt, ist letztlich eine Nervenprobe. Wer zuerst am positiven Ausgang zweifelt, hat bereits verloren, denn nichts ist dabei zwischen den drei Beteiligten für die übrigen zwei deutlicher erkennbar als die Angst.

Mein Dur war, allein auf der Weide, ein eher schreckhaftes Pferd, das ob der kleinsten Zwischenfälle, einem Jet-Bang, Hundegekläff am Horizont oder einem Flintenschuß am Rhôneufer, aufschreckte und davonraste. Geritten, konnten jedoch – wie einmal an der Feria von Nîmes – sogar Knallfrösche zwischen seinen Hufen explodieren, er sah nicht einmal hin; denn unter dem Reiter glaubte er absolut in Sicherheit zu sein. Eines Tages gelangte ich, mitten auf der Steppe beim Pèbre, an einen neugezogenen Kanal. Die nächste Brücke, entdeckte ich, war wohl die des Meerdammes, kilometerweit im Süden. Für einen solchen Umweg fehlte mir jedoch die Zeit. Lange suchte ich die Kanalufer nach einer Passage ab. Sie waren so scharf und steil angelegt, daß wir die lehmgraue Brühe nicht einmal durchschwimmen konnten. Ratlos ritt ich weiter dem Wasser entlang. Plötzlich stieß ich auf einen schmalen Damm aus Lehm, den die Kanalarbeiter angelegt und mit einem kaum zehn Zentimeter breiten Brett belegt hatten, um trockenen Fußes zu ihrer Bauhütte zu gelangen. Ich stieg ab, legte die Zügel auf Durs Hals und betrat den glitschigen, schmalen Steg, mit den Armen, wie ein Seiltänzer, balancierend. Als ich drüben angelangt war und eben zu rufen begann, um jemanden aus der Bauhütte zu locken, der mir eine Furt hätte weisen können, hörte ich Schritte hinter mir. Ich wandte mich um: Dur hatte das schwankende Brett betreten, setzte einen Huf gewissenhaft vor den anderen und folgte mir, wohl annehmend, wo ich ihm vorausgegangen sei, riskiere er nichts. Ich drückte beide Daumen, sandte ein Stoßgebet zum Himmel, und der Damm hielt tatsächlich; das Brett verschob sich zwar, aber Dur erreichte mich dennoch fröhlich schnaubend. – Inzwischen war ein Arbeiter aus der Bauhütte getreten und schüttelte unablässig den Schädel: "Mann, entweder ist das ein Zirkuspferd oder ich habe nicht mehr alle Tassen im Schrank!"

Das Vertrauen, das das Camargue-Pferd und seinen Reiter miteinander verbindet, wächst sich in der Regel zu einer Art gegenseitigem Verantwortungsgefühl aus. Immer wieder habe ich den Eindruck gewonnen, ein Schimmel, der abends vor Müdigkeit kaum mehr vorwärts kam und unter dem Sattel wankte, halte schließlich nur noch durch, weil er seinen Gardian um jeden Preis nach Hause bringen wollte. – Wird das Vertrauen, die Basis des Verantwortungsgefühls, wie der Initiative und des Muts, jedoch auch nur einmal enttäuscht – sei es durch den Hornstoß eines Stieres bei der Arbeit, einen Sturz bei einer "Abrivado" oder einen unverdienten Schlag oder Sporenstich, so wird der Schimmel lange Zeit charakterlich kaum wiederzuerkennen sein. Die einzigen Tiere, die ich je tage- und wochenlang schmollen gesehen habe, waren tatsächlich Camargue-Pferde.

Eine, neben dem "Stierkampf" auf der Weide und der "Ferrade", dritte harte Prüfung für den Gardian und sein Pferd und das Vertrauen zwischen ihnen stellt die "Abrivado" dar. Sie ist ein uraltes Kampfspiel zwischen den Gardians und den Dörflern, das heute immer seltener abgehalten wird. Grosso modo geht es dabei für die Gardians darum, fünf bis sieben Kampfstiere in der Arena eines bestimmten Dorfes oder Weilers einzuschließen, ohne daß ein einziges Tier entkommt und von den Dörflern vorzeitig ermüdet werden kann. Die Dörfler setzen indessen alles daran, die Stiere zum Ausbrechen zu verleiten, und nicht selten artet das Spiel so zu einem echten Kleinkrieg zwischen den Hirten und der Dorfjugend aus.

Meistens treiben die Gardians ihre Herde am festgesetzten Tag schon bei Sonnenaufgang von der Weide in die Nachbarschaft des Dorfes, wo zwei bis drei Gardianlehrlinge sie den ganzen Tag über festzuhalten haben. Gegen neun Uhr

oben: Ferrade: Gardians geleiten einen Jungstier zum Brennen
unten: Gardian-Fest in der Arena von Arles

erscheinen darauf der Manadier und seine Freunde und Bekannten, festlich herausgeputzt, auf ihren besten Stierpferden. Nach kurzer Beratung der Strategie und der Verteilung der Rollen und Aufgaben, beginnt der Herdenbesitzer den "Simbèu", den Wegweiser der Herde, auszusondern und sendet ihm sogleich sechs weitere Stiere nach – nicht die besten, aber auch nicht die ungefährlichsten. Die Gardians halten derweil die Herde und die bereits ausgesonderten Tiere unabhängig voneinander zusammen. Ist der siebte Stier zum Simbèu gestoßen, formieren sich die Reiter augenblicklich zu einem Dreieck um sie herum, so daß der Manadier oder Chefgardian die Spitze hält und die übrigen Reiter die Köpfe ihrer Pferde jeweils an der Außenseite der Kruppe des vor ihnen trottenden Schimmels festzuhalten versuchen. Die Stiere sind somit in einem lebenden Dreieck eingemauert und lassen sich verhältnismäßig willig führen, solange wie die Schimmel ihnen jeglichen Blick nach draußen versagen. Bricht die Staffel aber auch nur an einer Stelle und bloß für Sekunden auf, so stürzen sich die Stiere sogleich in die Bresche und versuchen, zur Herde zurückzugelangen.
Die Reiter- und Stier-Staffel erreicht in kurzem Trab die nähere Umgebung des Dorfes. Ein halbes Dutzend Jungen, die sich hier hinter Tamarisken verborgen hielten, laufen laut schreiend los und alarmieren die Dörfler: "Sie kommen, sie kommen!" Sowie die Gardians den Dorfrand erreichen, läutet die Kirchenglocke oder die auf dem Rathaus Sturm. Die Reiter galoppieren an und biegen in die Hauptstraße ein. Hier steht die Dorfjugend bereit, bildet vor den Tieren und quer über die Straße eine Mauer, pfeift und johlt, springt in die Luft, fuchtelt mit beiden Armen, um die Pferde zu erschrecken. Knallfrösche werden zwischen die Hufe der Rinder geworfen, die immer aufgeregter die Kette der Schimmel zu durchbrechen versuchen. Die Gardians machen Miene, die lebende Mauer der Dörfler einfach niederzureiten, die nun, im letzten Augenblick, auseinanderspringt. Einige Jungen packen die Beine der Gardians und versuchen, sie aus den Sätteln zu zerren. Andere fallen den Pferden in die Zügel. Einige Männer werfen Mehl und Asche in die Augen der Pferde und Reiter. Die Staffel biegt in eine Gasse ab, welche zur Dorfarena führt. Hier haben die Dörfler Öl ausgeschüttet, um die unbeschlagenen Pferde ausgleiten zu lassen. Einen Augenblick sieht es so aus, als gerieten die Schimmel tatsächlich ins Schwimmen, doch da haben sie sich wieder gefaßt, eben rechtzeitig, um mit dem nächsten Hindernis fertigzuwerden: einer Reihe Tische und Stühle, die einfach durchbrochen wird. Vier oder fünf Jungen werfen nun Lassoschlingen zwischen die Hufe der Pferde. Die Gardians geraten in Wut. Aus der hinteren Dreiecksseite lösen sich zwei Reiter, jagen der Staffel voraus und drohend an die Lassowerfer

Fest der „Counfrariè de St. Jorge“: Gardians nach der Messe vor der St. Trophime-Kirche in Arles heran. Diese ziehen sich eilig in Hauseingänge zurück. Dreißig Meter weiter ist ein dickes Seil in Kniehöhe quer über die Gasse gespannt. Der Schlüssel-Reiter schreit "Achtung", da setzen die Pferde auch schon über das Hindernis. Einen kurzen Augenblick öffnet sich eine Lücke an der rechten hinteren Dreiecksecke: zwei Stiere haben sie wahrgenommen, drängen hinaus, werden von den Gardians und deren Tridents einen kurzen Augenblick lang in Schach gehalten, dann hat sich die Bresche wieder geschlossen. Die Staffel erreicht den platanenbestandenen Platz vor der Arena. Vor dem Eingang zum Stierkampf-Rund lodert ein mächtiges Feuer. Die Gardians galoppieren heran, die ersten vier, fünf Schimmel springen durch die Flammen, zwei andere scheuen, vier Rinder gelangen in die Arena, die übrigen drei haben die Klauen vor dem Feuer in den Staub gestemmt. Zwei lassen sich durch Tridentstöße noch durch das Feuer treiben, der siebte bricht derweil durch die Mauer der schaulustigen Dörfler hindurch, indem er drei oder vier einfach überrennt, verirrt sich darauf im Dorf, wo die Leute von den Fenstern der Parterre-Wohnungen aus sich mit Tischdecken und Leintüchern als Toreros versuchen. In einer Seitengasse ist ein nagelneu eingerichtetes Photogeschäft mit einem tief reichenden Schaufenster. Der Stier stutzt. Er hat sich wohl selbst im spiegelnden Fensterglas gesehen und setzt mißgelaunt zum Angriff an – Pang! Das Schaufenster zersplittert. Der Stier ist mit seiner Vorderhand weit in das Geschäft hineingeraten, wirft nun mit Photos und Photoapparaten um sich, rast die Trennwand zwischen der Auslage und dem Verkaufsraum zusammen, pflanzt sich neben der Kasse auf. Die Gardians werden drei Stunden Arbeit haben, um ihn schließlich wieder aus dem Geschäft und in die Arena zu bringen.

In Wirklichkeit verlaufen die Abrivados nur selten so glimpflich, wie die oben beschriebene. Bescheiden sich die Dörfler mit Knallfröschen, Geschrei, Strohfeuern und Mehl- und Aschebomben, so passiert zwar kaum jemals Irreparables; greifen sie jedoch zu den Lassos und spannen sie Seile oder bauen sie feste Hindernisse quer in die Straßen und Gassen – womit einige Dörfer auf der rechten Rhôneseite traurigen Ruhm erworben haben – so verliert immer wieder der eine oder andere Gardian ein Stierpferd durch Beinbruch oder andere unheilbare Verletzungen, wenn nicht seine eigene Gesundheit. Tatsächlich haben die Abrivados seit dem Krieg meinen Erkundigungen nach etwa einem Dutzend Pferden und mindestens sieben Dörflern und Gardians das Leben gekostet. Die meisten Gemeinderäte des Rhônedeltas sehen deshalb heute davon ab, weiter Abrivados stattfinden zu lassen. Zum Ausgleich bitten sie die Gardians einmal im Jahr, Reiterspiele in ihren Arenen abzuhalten. Hierbei handelt es sich am häufigsten um den Raub oder die Verteidigung eines Straußes "Saladelles", Gardianblumen, zu Pferd; das Orangenspiel, bei dem von vier Trachtenmädchen Orangen auf Tellern dargeboten werden, welche der Gardian in scharfem Galopp einzusammeln hat; das Ringspiel, bei dem im Galopp ein aufgehängter Ring mit einer speziellen Lanze durchstoßen und eingeheimst wird; endlich um

den Bänderkampf der Hirten zweier Herden, die Bänder in den Farben ihrer Marke an den Oberarmen befestigt haben und nun versuchen, sich diese abzureißen. – Stellen diese Reiterspiele das Vertrauen eines Stierpferdes in seinen Gardian auch längst nicht mehr auf eine so harte Probe, wie es die Abrivados taten und teils noch tun, so ist der Bewohner des Rhônedeltas dennoch Fachmann genug, auch beim Spiel in der Arena seine Aufmerksamkeit vor allem dem Zusammenwirken des Gardians und seines Pferdes zu schenken. Ich habe verschiedentlich Reiterspiel-Sieger erlebt, die das Publikum beinahe auspfiff, um dafür einem Meister im Sattel und seinem Stierpferd zuzujubeln, selbst wenn dieser seine bunten Bänder schon frühzeitig verloren hatte.
Kürzlich fand in der Arena von Arles die alljährliche Hengst-Körung statt, zu der jeweils nur die Kör-Kommission, die Züchter und ihre Helfer Zutritt erhalten, das heißt ein Publikum, das sich im Sattel nur schwer etwas vormachen läßt. Und dennoch war der Höhepunkt dieses Ereignisses der Augenblick, in dem "Großvater" Alphonse Jalabert in den Sattel seines "Mistrals" stieg, um den Hengst der Kommission vorzureiten. Die Rechte in der Tasche seiner schwarzen Samtjacke, drehte er erst drei Runden im Schritt, trabte darauf an und plötzlich, ohne daß sich der Reiter anscheinend auch nur einen Millimeter bewegt hatte, entwickelte Mistral bei durchhängenden Zügeln seinen kurzen Trab, verlängerte die Schritte, ohne aus dem Takt zu fallen, federte endlich geradezu durch die Arena, und der bisher fröhliche Lärm aus Stimmengewirr und Pferdegewieher verstummte mit einem Schlag. Selbst die Kör-Kommission vom staatlichen Gestüt in Tarbes schien auf einmal ihre Aufgabe zu vergessen und verfolgte, sämtlichen Anwesenden gleich, nur noch den Auftritt Mistrals. – Sie galoppierten an. Vom ersten Sprung ab, ging der Schimmel versammelt, dann bogen sie in eine kurze Gerade ein, und mit dem nächsten Sprung befanden sie sich bereits in voller Karriere, die – nur zehn Sprünge später – ebenso plötzlich wieder höchster Versammlung wich. Und nochmals verlängerten sie den Galopp und hielten, wie ein Reiterstandbild, an, sowie sie sich vor der Kommission befanden, und das alles, ohne daß sich die Zügel auch nur eine Sekunde richtig gestrafft hätten. Hier ritt ganz offenbar ein Zauberer, der seinen Hengst einzig und allein durch Gedankenübertragung zu lenken und zu zügeln schien. – Abschließend machte Mistral noch sechs Schritte zurück, stand erneut bewegungslos, hakte aus dem Stand im Galopp zuerst nach links und dann nach rechts in einer echten Pirouette herum, und der zweiundsiebzigjährige "Großvater" Jalabert saß noch immer, Spitzbubengrinsen um die Lippen, bewegungslos im Sattel, die rechte in der Jackentasche, und wehrte ironisch bescheiden dem aufbrandenden Applaus. – Die ganze Vorstellung dauerte nicht länger als höchstens drei Minuten, und dennoch schien alles, was die anderen Reiter danach zeigten, nur noch von beschränktem Interesse. Von den 57 vorgeführten Hengsten aus 50 verschiedenen Zuchten wurden schließlich 48 angekört und 6 hiervon prämiert.

Die außergewöhnlichen Eigenschaften des echten Stierpferdes sind heute – nicht zuletzt dank der Stutbuch-Selektion – in jedem eingetragenen Camargue-Pferd schon vom zweiten oder dritten Lebensjahr an potentiell vorhanden. Dem Zureiter bleibt ausschließlich vorbehalten, die natürlichen Gaben zu nützen und zu fördern, kurz, zur Entfaltung zu bringen. Neuerdings werden hierzu zwei Wege beschritten: 1. Die traditionelle – längere –, und 2. die modernere – kostspieligere, jedoch kürzere – Dressur.

Die traditionelle Dressur verlangt, daß ein Junghengst erst in seinem vierten Lebensjahr eingefangen, eventuell sogleich kastriert und darauf drei, vier Wochen lang mit einem anderen Pferd zusammen in einem Pferch oder Stall beim Gehöft festgehalten wird. Wurde er nicht schon in seinem zweiten Frühling mit dem Herdenbrand versehen, so kann er unter Umständen jetzt dieser Prozedur unterzogen werden. Sind seine Wunden daraufhin ausgeheilt, wird er erstmals gesattelt und gezäumt, was oft drei, vier oder fünf Stunden in Anspruch nimmt, und zum ersten Mal geritten.

Ein erfahrener Gardian sattelt sich hierfür ein älteres, ruhiges Pferd – wenn möglich jenes Pferd, das während der letzten Wochen dem Jungen Gesellschaft geleistet hat –, knüpft ein Seil um den Hals des Jungen, zieht dieses durch den mittleren Ring des Caveçons, des Kappzaumes, mit dem er es erneut verknotet, und läßt es nicht mehr aus der behandschuhten Rechten. Nun schwingt er sich in den Sattel des Dressurpferdes, heißt den Zureiter das Anbindeseil des Jungpferdes lösen und zieht den Grauschimmel mit sich fort aus dem Pferch auf die Steppe, den Strand oder die Weide hinaus. Hier bringt er den Jungen möglichst dicht an seine Seite und schlägt nun in scharfem Schritt, kurzem Trab und Galopp weite Bögen und Volten, indem er ununterbrochen auf ihn einredet. Endlich kommt er in Rufweite zurück, winkt den Zureiter – meistens einen Junggardian im dritten oder vierten Lehrjahr – zu sich, läßt beide Pferde von ihm nachsatteln. Dann packt er das Halteseil knapp über den Nüstern des Junghengstes, läßt sein, meist vor Aufregung schwitzendes Dressurpferd etwas zur Seite treten, und der Gardianlehrling schwingt sich so leicht und so schnell, wie möglich, auf den Rücken des Jungen, sucht sogleich den rechten Bügel, hat Glück, wenn er ihn erwischt, bevor der große Tanz beginnt.

Normalerweise ist die erste Reaktion des überraschten Junghengstes ein Bocksprung aus dem Stand, der mit etwas Übung auszusitzen ist. Darauf folgt unmittelbar eine Zehnerserie, die der Führer auf dem Dressurpferd dadurch zu unterbrechen versucht, daß er den Jungen mit sich fortzieht. Dieser wird nun versuchen, entweder plötzlich vorauszurasen oder bockbeinig zurückzubleiben. Im ersten Fall hält ihn das Führseil und die Caveçon- und Kandarenzügel-Hilfe des Zureiters mehr oder weniger wirkungsvoll zurück; im zweiten Fall bekommt er erstmals die Sporen zu fühlen. Seine Antwort ist jedenfalls eine neue Zehnerserie von Bocksprüngen. Wichtig ist dabei vorderhand nur, daß er nicht mehr stehenbleibt, da sonst die Versuchung, sich mit dem Sattel und dem Reiter hinzuwerfen und zu wälzen allzu mächtig wird. Gegen das Wälzen aber gibt es noch immer nur das eine Mittel: die Rinderpeitsche. Also: vorwärts, vorwärts, vorwärts! Zehn Minuten später kann man beginnen, mit Schenkel- und etwas feiner Zügelhilfe weite Kreise zu beschreiben, Schlangenlinien und erste Wendungen zu reiten. Nach spätestens einer Stunde wird der Junge wieder in seinen Pferch entlassen und von nun an täglich gesattelt und geritten: fünf- bis zehnmal am Halteseil geführt, dann nur noch begleitet, schließlich allein, bis er den Zweck der Hilfen begriffen und sich ihnen anzuvertrauen begonnen hat. Die Dressur nach dieser traditionellen Methode dauert zwischen drei und sechs Monate.

Der moderne – zweite – Weg des Zureitens unterscheidet sich vom ersten hauptsächlich dadurch, daß die Jungpferde schon vom Fohlenalter an regelmäßig für ein paar Monate in des Menschen Nachbarschaft und einen schützenden Pferch geholt und hier mit dem Gardian vertraut werden. Ist die Zeit des Zureitens gekommen, so wiehert der Junge seinem Herrn meistens schon entgegen, läßt sich anstandslos striegeln, bürsten, satteln und zäumen, und sein halbes Vertrauen ist bereits gewonnen, bevor es erstmals einen Reiter trägt. Der Vorteil dieses Weges liegt darin, daß ein Gardian sein Jungpferd so oft ohne fremde Hilfe zureiten kann, daß die eigentliche Dressur schneller erledigt ist – in zwei bis vier Monaten – und daß das Pferd somit auch früher mit den Stieren umzugehen lernt. Die Pferde aus der Zucht Jan Bounias' sind heute alle auf diese zweite Art zugeritten, was sich, bei dem vielen Blut, das sie besitzen, eindeutig vorteilhaft auf ihre Reitbarkeit ausgewirkt hat.

Bei der Abrichtung des Jungpferdes zum Stierpferd durchläuft der Gardian nochmals sämtliche Stadien seiner eigenen Lehre. Anfänglich treibt er nur die Herde mit, hält sie zusammen, so auf der Weide ausgesondert wird, oder hütet die bereits ausgesonderten Tiere. Daraufhin jagt er von Zeit zu Zeit einem ausreißenden Jungrind nach, geht auch schon auf die Stiersuche und hält im Pferch die Herde zusammen. Im dritten Stadium, in dem er den Jungen längst einhändig reitet, greift er wieder nach dem Trident, nimmt an Ferraden teil und sondert im Pferch selber Rinder aus. "Stierpferd" wird der Junge mit seiner ersten Abrivado in Spitzenposition oder mit den ersten außergewöhnlichen Leistungen aus eigener Initiative. Nun wird ihm der Caveçon endgültig abgenommen, was selten nur geschieht, bevor er acht oder neun Jahre alt geworden ist. Jedenfalls gehört von jetzt an eine Stunde in seinem Sattel, selbst für einen Sportreiter, mit zum Höchsten, was man als Pferdefreund erleben kann.

Mit völlig durchhängenden, "unberührten" Zügeln läßt sich das Stierpferd aus dem Stand angaloppieren, im Galopp so eng wenden, wie man es nur wünschen kann, anhalten, antraben, in Schritt bringen allein durch die Kreuz- und Schenkelhilfe und die Gewichtsverlagerung. Und je intensiver man es reitet, desto weiter schiebt es seine Hinterhand unter, desto stolzer richtet es sich vorn auf, desto freudiger offenbart es seine Durchlässigkeit, Gewandtheit und Intelligenz.

Als Jan, mein erster Lehrmeister und Freund in der Camargue, seine erste Stelle als ausgelernter Gardian antrat, wies ihm der Patron ein Jungpferd zum Zureiten zu, das grobknochig, hochbeinig, zu groß, schlecht proportioniert, recht eigentlich häßlich zu nennen war. Es zeigte zwar bald schon unter dem Sattel, daß es eine Menge Temperament besaß und alles andere als dumm war; aber Jan ritt es nur zu, weil er schließlich ohne Pferd nicht als Gardian arbeiten konnte. Eines Tages fragte der Patron: "He, Jan! Wie nennst du den Klepper? " Jan kratzte sich unter der Baskenmütze im Haar: "Ich habe noch keinen Namen gefunden!" In der Folge nannte der Patron deshalb den Wallach, sprach er über ihn, nur noch "Sans-nom", den Namenlosen.

Wenig später mußte Jan andere Pferde zureiten und sattelte darauf Sans-nom nur noch für besonders schwierige oder ermüdende Arbeiten, die er den anderen Jungpferden vorerst noch nicht zumuten wollte. Als er, zwei Jahre später, zu einem anderen Patron, nach Saintes Maries de la Mer, übersiedelte, schenkte ihm der Manadier zum Abschied den häßlichen Klepper, der noch immer keinen Namen besaß. Jan nahm ihn ohne viel Begeisterung an und spannte ihn am neuen Arbeitsort meistens vor allem vor den Karren.

Einmal geschah es, daß durch die Unachtsamkeit einiger Sonntagsreiter der Chef-Gardian der Herde von einer Kuh angegriffen, aus dem Sattel geworfen und böse zugerichtet wurde. Jan hatte das Tier umgehend mit dem Trident zurechtzuweisen, sollte es in Zukunft nicht die Arbeit in der Herde zu einem täglich größeren Wagnis machen. Er sattelte eilig Sans-nom, um den es nicht schade war, würde ihm etwas zustoßen. Dann saß er auf, ritt in die Herde, provozierte die bösartige Kuh und ein mörderischer Kampf begann, der eine geschlagene halbe Stunde dauerte.

Die Kuh raste heran. Jan hieb ihr den Dreizack knapp über den Nüstern vor die Nase. Sie krebste zwei, drei Schritte zurück. Sans-nom rückte nach. Jan lockerte den Stoß und ließ den Trident sogleich erneut zwischen ihre Ohren krachen. Sie schüttelte brüllend den Schädel, warf die Dreizackspitze mit einer verzweifelten Kopfbewegung zur Seite und versuchte, durch einen raschen Ausfall Sans-noms linke Schulter mit ihrem rechten Horn zu erreichen. Der Wallach schlief nicht. Er stieg und hieb den linken Vorderhuf dem Tier mit aller Kraft an die Ganaschen. Erneut schüttelte es den Schädel, schien eine Sekunde lang benommen, sprang urplötzlich die linke Flanke des Wallachs an, die er ihr im letzten Augenblick durch einen Seitensprung entzog. Inzwischen hatte Jan den Trident in die Linke gewechselt, wieder gefällt und erwischte die Kuh zum x-ten Mal knapp über den Nüstern. Sans-nom trat mit der Hinterhand noch zwei Schritte zur Seite, um sich um so wirkungsvoller mit seinem ganzen Gewicht gegen die Kuh zu stemmen. Der Stiel des Tridents bog sich durch. Jan hing weit nach links über den Sattel hinaus. Da setzte der Wallach seine Hinterhand vorsichtig Hufbreite um Hufbreite weiter unter, spannte sich katzenartig zusammen – ein mächtiger Ruck... die Kuh krachte auf ihre rechte Seite in den Staub. Noch bevor sie sich erheben und endlich fliehen konnte, fand sie sich am ganzen Körper mit Tridentbissen eingedeckt, und der Stoß- und Stichhagel nahm ein Ende erst, als sie sich schließlich, fünfhundert Meter weiter, im Nordwesten, mit letzter Kraft in einen Salzwassertümpel stürzte. Die Dörfler, der Arzt und die Hirten, die sich eingefunden hatten, um den schwerverletzten Baile-Gardian ins Krankenauto verladen zu helfen, brachten die Münder vor Staunen nicht mehr zu. Sie sorgten in den folgenden Tagen und Wochen dafür, daß Sans-nom, der Namenlose, schlagartig zu einem der bekanntesten Wallache der Camargue wurde und mit Jan zusammen immer wieder Gelegenheit bekam, seine selbst für Stierpferde außergewöhnliche Gewandtheit, sein "Mitdenken" und "Mithandeln" unter Beweis zu stellen. Jan schwor seither nur noch auf Sans-nom, der so grob gebaut und so häßlich war, daß niemand ihm je einen Namen hatte verleihen wollen. Er heißt noch heute Sans-nom, obwohl er nun, dreißig Jahre alt, sein Gnadenbrot erhält als eines der letzten bereits legendären Stierpferde... vielleicht sogar als eines der letzten ganz großen Stierpferde überhaupt.

Zwar halten sich die Manadiers und Gardians auch heute noch weiter Stierpferde. Doch mit der Abwendung vom Gardian-Beruf der einen und der Pensionierung der anderen, der Jeans und Justins und Pierres, fehlen den Reitern der Camargue die so subtilen Kreuz- und Schenkelhilfen, die so leichten Zügelhände und der Pferdeverstand, die allein die Gewähr dafür boten, daß früher aus jeder neuen Pferdegeneration mindestens ein Hengst oder Wallach in die Legende einging. Zwar gibt es glücklicherweise noch immer echte Gardians im wahren Sinn des Wortes, wie etwa die der Familien Jalabert, Espelly und Puig. Noch reiten Jan Bounias, Jean Sol, Pierre Fontaine, Pierre Aubanel, François Perrier und eine Reihe anderer; die Jungpferde aber, aus denen sie Stierpferde gemacht haben, schleppen heute nur allzu oft Touristen durch die Gegend, Sonntagsreiter, die selbst das beste Tier in drei, vier Monaten zuschanden galoppieren. Andererseits ist die Möglichkeit, gute Pferde zu behalten, selbst in der Camargue zu einem unerschwinglichen Luxus geworden. Die Manadiers, die noch Stierpferde benötigen, züchten und reiten sich diese in der Regel selbst heran. Wer soll da die Stierpferde übernehmen, die die eigentlichen Züchter produzieren, wenn nicht die Pferdeverleiher oder der eine oder andere Camargue-Pferde-Freund aus dem Norden und dem Ausland?

Ich habe in der Camargue selbst lange auch in einer Leihstation gearbeitet, die heute nicht mehr besteht. Dank des Patrons, der ein echter Gardian war, galt unser Reitbetrieb eigentlich von Anfang an als einer der seriösesten in Saintes Maries de la Mer. Doch obgleich wir damals reine Wildwestadepten und Familienalbum-Reiter zur Konkurrenz schickten, waren unsere zwanzig Pferde stets völlig ausgelastet. Nach und nach führten wir immer mehr Stammkunden, deren reiterliche Qualitäten wir kannten und denen wir jeweils genau das Pferd zuteilen konnten, das ihrem Können entsprach. Weil die Reiter so mit ihren Pferden stets zufrieden waren, kamen sie immer wieder und sandten uns auch ihre

Freunde. Die Seriosität im Leihgeschäft macht sich somit durchaus bezahlt – was die heutigen Verleiher in der Mehrzahl zu bezweifeln scheinen. Eine Voraussetzung ist allerdings, daß die Station von Anfang an nur mit wirklich guten – wenn vielleicht auch teueren – Pferden aufgebaut wird, die regelmäßig in die Redressur genommen werden. Tatsächlich verfügten wir damals über eine ganze Reihe Leihpferde, die ein vierjähriges Kind, einen talentierten Sportreiter und einen echten Gardian gleichermaßen begeistern konnten. Frommheit braucht in der Camargue durchaus nicht ein Zeichen von Temperamentlosigkeit, Verbrauchtheit und hohem Alter zu sein.
Für die echten Gardians ist die Pferdevermieterei dank vieler zweifelhafter Praktiken inzwischen zu einer Arbeit unter ihrer Würde geworden. Aber wie viele echte Gardians gibt es in der Camargue noch? Ein Dutzend? Zwei Dutzend? – Im besten Fall: drei Dutzend; mehr bestimmt nicht. Ich verstehe dabei unter "Gardians" ausschließlich die Männer, die ihr Brot als Arbeitnehmer hauptberuflich durch das Hüten, Pflegen, Treiben und Aussondern vom Kampfstieren und das Zureiten und Abrichten von Stierpferden verdienen; somit weder die Herdenbesitzer, noch die Pferdevermieter und Promenaden-Führer, weder die "Caballeros", die Stierkämpfer zu Pferd, noch jene ruhmsüchtigen tollkühnen Burschen, die Mitte der Sechzigerjahre das nordamerikanische Rodeo in der Camargue eingeführt haben und damit nur jener Wildwest-Masche Vorschub leisten, die im Rhônedelta seit jeher deplaziert ist.
Heute fragt man sich mit Recht, ob der Gardianberuf überhaupt noch eine Zukunft hat. – Bedenkt man, daß er seine Existenz allein dem Dasein der Kampfstiere verdankt, und weiß man überdies, daß das Weideland der Rinder durch den lukrativeren Reisanbau jeden Frühling weiter beschnitten wird, so kann man sich leicht ausrechnen, daß es im Jahre 2 000 im Rhônedelta weder Stiere, noch Gardians mehr geben wird. Im besten Fall werden sich dann die Grundbesitzer neben ihren Reisfeldern, Obst- und Gemüseplantagen noch einige Sonntags-Reitpferde halten, obgleich unwahrscheinlich ist, auf was die heutigen Gardians noch hoffen: nämlich auf die Einsicht in die Unmöglichkeit, den Boden auch der Tiefcamargue nachhaltig zu entsalzen.

Camargue-Stier vor dem Kampf im Toril. Deutlich erkennbar: die an den Hörnern angebundenen „Glans" aus weißer Wolle

Die Gardian-Reitweise

Kommt man als Sportreiter in die Camargue und fragt man einen der echten Gardians hier, wie man sich im Camargue-Sattel zu verhalten habe, so bekommt man im besten Fall ein Achselzucken zur Antwort. Ich habe denn auch Monate gebraucht, um meinem ersten Patron eine einzige konkrete Anweisung zu entlocken. Sie lautete: "Mach es Dir im Sattel so bequem, wie möglich, damit schonst Du auch Dein Pferd." Tatsächlich gibt es hier nichts, was man auch nur in etwa als eine offizielle "Reitmethode" bezeichnen könnte. Die meisten großen Reiter haben noch nicht einmal davon gehört, daß es schriftlich fixierte Reitlehren in Buchform gibt. Sie rutschten in der Regel schon von Kindesbeinen an auf blanken Pferderücken herum und ritten als Gardianlehrlinge bereits besser, als nur anständig. Alles übrige ergab sich dann im Laufe der Jahre von selbst. – Versuche ich in der Folge dennoch, die Gardian-Reitweise nach "klassischen Gesichtspunkten" zu analysieren, so nur, um den Reitern unter den Lesern wenigstens einige Hinweise geben zu können.
Die auffälligsten und zugleich bestechendsten reiterlichen Qualitäten des Gardians sind – wie bereits kurz angedeutet – seine absolute Losgelassenheit, sein Balance-Gefühl und sein Eingehen in die Bewegung des Pferdes. Diese Eigenschaften hatte wohl auch mein Patron im Auge, als er riet, es mir im Sattel "bequem" zu machen. Denn ist die Losgelassenheit erworben, so sitzt man beinahe von selbst, "wie angeschraubt", ob man nun mit langen oder kurzen Bügeln reitet, und vor allem hält man nun erst die Zügelhand ruhig genug, um das Pferd seinerseits den Kontakt zu ihr vertrauensvoll suchen zu lassen. Die Losgelassenheit ist somit tatsächlich der Anfang und das Ende aller Reiterei, wenn ihr in der Camargue auch noch mehr Bedeutung zuzukommen scheint als anderswo.
Ich habe verschiedentlich vom "Herumhaken" bei der Arbeit mit den Stieren gesprochen. In Wirklichkeit ist dieses von gutgerittenen Pferden unter guten Reitern ausgeführt nichts anderes als jeweils eine halbe oder ganze echte Pirouette aus dem Galopp und oft auf Grund einer Eigeninitiative des Pferdes eingeleitet. Der Reiter kann von ihr demnach ebenso überrascht werden, wie durch die Seitensprünge seines Schimmels vor Hasenlöchern, Spitzgrasbüscheln oder durch eine Serie Bocksprünge. Geht er nicht völlig losgelassen in jede einzelne Bewegung – vor allem in die unvorhergesehenen Sprünge – ein, so fliegt er dabei, trotz der hohen Zwiesel, auch aus dem Gardiansattel. – Kann man im Sportsattel einen Seitensprung notfalls noch dadurch aussitzen, daß man sich

oben: Camargue-Stiere beim Auftrieb auf der Steppe
unten: Camargue-Stiere beim Durchqueren eines Salzsees

mit den Knien und Unterschenkeln "anklammert", so hat im Gardiansattel allein die Nierenpartie des Reiters einen Balance-Akt zu vollziehen, und zwar instinktiv, gleichzeitig mit dem Seitensprung. Die Unterschenkel sind jedenfalls so weit weggestreckt, daß jede Bewegung zum "Anklammern" viel zu spät käme.

Die absolute Losgelassenheit der Nierenpartie – also des Kreuzes – und der Schultern des Gardians bedingt, daß jedes "Kreuzanspannen" zu einer mächtigen – weil nicht abgestumpften – Hilfe wird: zu *der* Hilfe schlechthin. – Ich muß hier eine gedankliche Klammer einführen: Als ich versuchte, das französische Gegenstück zum deutschen bronzenen Reitabzeichen zu erwerben, fiel mir vom ersten Tag an in der Reitbahn auf, daß hier kein Mensch je vom "Kreuzanziehen" sprach. Der Reitlehrer wußte zwar durchaus, was darunter zu verstehen ist, aber kaum einmal hörte ich, was mir aus meiner Dressurreiterzeit in der Schweiz noch in den Ohren nachklang: "Kreuz! Kreuz! Mensch, ziehen Sie doch das Kreuz an!" Und dennoch wurde auch hier eindeutig mit dem Kreuz gearbeitet, wenn auch nur in gewissen Fällen: beim Anreiten, Anhalten, Antraben, Angaloppieren und Versammeln; kaum jedoch beim Unterhalten der Gänge, beim Wechsel vom Schul- zum Mittel- oder starken Trab und selten nur beim Springen. Anfänglich störte mich dieser Verzicht zugunsten von mehr Losgelassenheit sehr. Nach und nach gewöhnte ich mich aber daran, um schließlich verwundert festzustellen, daß sich die französischen Pferde dadurch offenbar eine besondere Durchlässigkeit für die Kreuzhilfe bewahren. Heute bin ich der Ansicht, im deutschsprachigen Europa werde wahrscheinlich etwas zuviel mit angezogenem Kreuz geritten, in Frankreich und in den Benelux-Staaten hingegen wohl etwas zu wenig, so daß der Mittelweg einmal mehr als der "goldene" erscheint. Die Gardians beschreiten – oder bereiten – ihn instinktiv seit jeher. Ihre vollkommene Losgelassenheit bürgt dafür, daß die Kreuzhilfe, wird sie – einseitig oder beidseitig – einmal angewendet, tatsächlich auch "durchdringt", und zwar so gründlich, daß man vom Stierpferd durchaus behaupten kann, es werde vor allem mit Kreuz und der Gewichtsverlagerung geritten, seltener auch mit den Schenkeln und beinahe nie mit den Zügeln.

Bedenkt man, daß der ideale Sinn sämtlicher Dressurprüfungen der Welt nur darin liegt, ein Reiter-und-Pferd-Paar gewisse Figuren und Wendungen in gewissen Gängen ausführen zu lassen, ohne daß dabei die Hilfen sichtbar werden, so hat man allen Grund, vor einigen Reitern der Camargue den Hut zu ziehen, auch wenn diese keine Ahnung davon haben, daß man ihr Herumhaken hinter den Stieren auf zivilisierten Dressurplätzen "Pirouette" nennen würde, ihr Anstaffeln bei der Abrivado "Schenkelweichen im Trab", ihr Herumsabern im tiefen Morast "Passage" und die Zurücknahme der Schultern beim Aussondern hinter dem Stier "Piaffe". Nie würden Reiter, wie Albert Espelly, Luc Jalabert oder Jean Sol, auch nur versuchen, ihre Pferde beim Durchparieren an den Zügeln anzu"halten". Immer treiben sie sie mit dem Kreuz in die passive oder sogar nachgebende Hand. Und nie sieht man Jan Bounias, Pierre Fontaine oder Auguste Puig ein Pferd an den Zügeln herumziehen, wie es viele fremde Reiter in der Camargue tun zu müssen glauben, nur weil sie Hollywood-Cowboys so reiten sahen.

Richtig ist zwar, daß man nicht nur in der Camargue, sondern auch beim französischen Sportreiten zwischen der "Rêne d'ouverture" und der "Rêne d'appui" unterscheidet, das heißt zwischen dem – wörtlich übersetzt – "Öffnungszügel" und dem "anliegenden Zügel", doch hat weder die eine Hilfe etwas mit Herumreißen, noch die andere etwas mit Herumzwingen zu tun.

Nehmen wir an, wir befänden uns im Dressurviereck auf der rechten Hand und setzten in der Mitte einer langen Seite zu einer Volte an. In Deutschland bekommt das Pferd zunächst eine halbe Parade und wird darauf rechts eingestellt, worauf die Kreuz- und Schenkeleinwirkung das übrige tut. Die deutsche halbe Parade läßt sich mit dem französischen "Demi-Arrêt" vergleichen, obwohl dieser in unserem Fall nicht unbedingt zur Anwendung gelangt. Dafür führen wir vor allem junge, noch nicht fertig ausgebildete Pferde nun mit dem Öffnungszügel in die Volte, wobei sich die rechte Hand mit den Fingernägeln nach oben dreht und zuerst vorwärts, dann zehn bis höchstens zwanzig Zentimeter nach rechts verschiebt. Der Gebrauch des Öffnungszügels hat in diesem Fall und der deutschen Zügelführung gegenüber den Vorteil, daß er dem jungen Pferd 1. eindeutig den Weg weist, 2. das Reitergewicht deutlicher nach rechts verlagert und 3. so das Pferd von Anfang an nachdrücklich auf die Rolle der Gewichtsverlagerung aufmerksam macht, die es später vor allem oder ausschließlich wenden wird. Die Schenkelhilfe ist dabei die gleiche, wie die in Deutschland (innerer = treibender; äußerer = verwahrender Schenkel).

Die Volte ist gelungen. In der Mitte der nächsten langen Seite reiten wir eine zweite, doch diesmal mit Hilfe des anliegenden Zügels. Wieder halten wir durch den vom Pferd gestrafften Zügel Kontakt zum Pferdemaul. Beim Ansetzen zur Rechtsvolte drehen wir nun die linke Faust mit den Fingernägeln nach oben und verschieben sie nach vorwärts-rechts, jedoch nie über die Mitte des Mähnenkamms hinaus. Das Pferdemaul kann so zwar leicht nach links eingestellt werden, doch durch den Druck am Hals vor dem Widerrist (in gewissen Fällen diskontinuierlicher Druck) und unsere Gewichtsverlagerung nach rechts läßt sich die Vorderhand dennoch herumführen.

Camargue-Pferde werden – sollte die Gewichtsverlagerung allein nicht ausreichen – in der Regel mit dem "anliegenden Zügel" geführt, der dabei durchaus leicht durchhängen darf. Der Caveçon, die Dressurkette über den Nüstern der Jungpferde, ist so beschaffen, daß die anfänglich mit beiden Händen gehaltenen Zügel – gleichgültig, ob als Öffnungszügel oder anliegender Zügel verwandt – bei jeder Rechtswendung Druck nur auf die linke Nasenseite, bei jeder Linkswendung hingegen auf die rechte Nasenseite ausüben. Wie man ein Pferd dem "anliegenden Zügel" weichen lehren kann, ohne sich des Caveçons zu bedienen, und wie die "Rêne d'appui" letztlich auch im deutschsprachigen Gebiet zur Wirkung gebracht wird, lese man in den deutschen Reitlehren nach, das heißt in den Kapiteln über das Schenkelweichen und die Hinterhandwendung.

Die Schenkeleinwirkungen stellen, wie die Zügeleinwirkungen, in der Camargue nur Andeutungen dar. Wie bereits mehrmals festgestellt, reitet der Gardian, wenn auch nicht mit durchgestreckten, so doch mit weitgehend geraden oder leicht nach vorn weggestreckten Beinen. Zwar liegt der innere Schenkel bei jeder Wendung leicht am Pferdeleib an, doch von einem eigentlichen, aktiven Schenkeldruck kann nur in Ausnahmefällen gesprochen werden. Letztlich stellen die Schenkel mit ihren langen Sporen, genau wie die Zügel und das bösartige Kandarengebiß, eher eine Drohung oder Nothilfen als tatsächlich angewandte Hilfsmittel dar. Die Pferde rechnen denn auch selbst bei Freudensprüngen stets damit, daß der Gardian ohne sie auszukommen weiß. Dieser Umstand läßt sie ununterbrochen eine Aufmerksamkeit an den Tag legen, die selbst alte Reiter auf alten Pferden immer wieder überrascht. Er bewirkt zudem, daß man jedes zugerittene Camargue-Pferd jederzeit und ohne weiteres mit einem Trensenzaum und einem Sportsattel reiten kann, ohne daß sich das Tier daran erst gewöhnen müßte. Die meisten Manadiers besitzen so mindestens eine "Bardette", das heißt einen dem englischen Sattel nachempfundenen Flachsattel aus Segeltuch oder Leder, auf dem sie die Stiere überzählen, die Zäune kontrollieren oder sonstige Ritte unternehmen, die kaum abrupte Tempowechsel verlangen. Nicht selten zäumen sie hierfür auch auf Trense oder legen den Pferden bloß einen Caveçon an.

Doch ob sie einen Gardiansattel oder eine Bardette reiten; ihre Haltung zu Pferd bleibt die gleiche. Die Länge der Bügel und die Enge und Höhe des Camargue-Sattels bedingen den Verzicht auf das Leichttraben und den Jagdgalopp, die beide auf der Insel unbekannt sind. Der Galopp, ob versammelt oder als Karriere geritten, wird also stets ausgesessen; ja, ist ein Schimmel einmal auf seine Spitzengeschwindigkeit zu beschleunigen, so scheint sich der Gardian geradezu hinter die Senkrechte zurückzulehnen, denn auch das Letzte wird aus dem Camargue-Pferd nur durch Losgelassenheit und Kreuzeinwirkung herausgeholt.

Die Aufmerksamkeit, mit der sich die Stierpferde gleichzeitig auf ihre Arbeit mit den Rindern, auf die Absichten des Reiters und auf die Bodenbeschaffenheit konzentrieren, bewirkt, daß sie nahezu stets auf natürliche Art und Weise "an den Hilfen stehen". Gewiß spielt hierbei auch die Gardian-Reitweise eine Rolle, doch noch entscheidender erscheinen mir die Freude des Stierpferdes an

oben: Abrivado: Überführung der Stiere in die Arena (Aigues-Mortes)
unten: Gardians beim Einpferchen eines Stiertrupps

der Arbeit, sein "Verantwortungsbewußtsein", kurz: seine Disponibilität. Ich bin heute davon überzeugt, daß nahezu sämtliche Pferde eine echte Neigung besitzen, sich "an die Hilfen", das heißt dem Reiter rückhaltlos zur Verfügung zu stellen – fordert man ihren guten Willen nur mit möglichst kurzweiligen, echten Aufgabe heraus, statt ihn durch eintöniges Bahnreiten mehr und mehr abzustumpfen. Ein Pferd, das schwer an die Hilfen zu stellen ist, ist entweder noch nicht gelöst oder falsch geritten oder aber dabei, sich zu Tode zu langweilen. Nicht für ausgeschlossen halte ich, daß das im deutschen Sprachgebiet in der Bahn beinahe pausenlos angespannte Kreuz auf das Pferd in diesem Sinne langweilend wirkt. Wird indessen die Kreuzeinwirkung, wie vom Gardian, vor allem als "moralische" halbe Parade eingesetzt, apelliert sie also an die Aufmerksamkeit des Pferdes, so kann sie darauf durchaus wieder der Losgelassenheit weichen, ohne daß das Pferd deswegen "auseinanderfällt".
Sieht man einen Gardian in kurzem Trab zur Arbeit reiten, so wundert man sich immer wieder darüber, wie tief der Reiter in seinem Pferd drinzusitzen scheint. Tatsächlich tut er das auch in gewissem Sinn. Denn die Losgelassenheit senkt nicht nur seinen Schwerpunkt, sondern läßt ihn seinem Pferd gegenüber ebenso disponibel, verfügbar, sein, wie dieses es ihm gegenüber ist. Der ungewöhnlich enge und weitreichende Kontakt mit dem Pferd, den der Gardiansattel vermittelt, dient dem Reiter nicht nur zur Gewinnung von mehr Halt, sondern gleichzeitig auch zum Erfühlen der Regungen des Pferdes. Die Sitzfläche des Gardians wirkt so auch als eine Art Empfänger für Signale, die das Pferd gibt und welche der Hirte sogleich instinktiv in Reaktionen umsetzt. Legion sind die Geschichten, die die Gardians sich über auf diese Weise empfangene Warnungen ihrer Pferde erzählen. Und auf dieselbe Tatsache verwies ein Ratschlag Jans, den er mir gab, als wir begannen, gemeinsam Junghengste zuzureiten: "Verlasse dich mehr auf dein Gesäß und weniger auf das Gehirn!" Die Losgelassenheit des Reiters teilt sich früher oder später immer auch dem Pferd mit. Kommt diesem Umstand auch beim Sportreiten, beispielsweise bei einer Dressurprüfung, hohe Bedeutung zu, so spielt er in der Camargue bei der Arbeit eine geradezu entscheidende Rolle. Denn nichts macht den Umgang mit den Stieren gefährlicher, als ein gespanntes, nervöses, womöglich ängstliches Reittier. Nur ein "losgelassenes" Pferd unter einem losgelassenen Reiter verfügt über die Geistesgegenwart und Wendigkeit, die mit zu den wichtigsten Qualitäten des Stierpferdes gehören.
Kürzlich wurde ich anläßlich einer Dressurprüfung für Sportpferde gefragt, wer letztlich der bessere Reiter sei, der Gardian oder der Turnierreiter? – Die Frage ist nicht einfach zu beantworten. Ist ein Sportpferd einmal richtig zugeritten und geht sein Reiter daran, es für M- oder S-Dressurprüfungen oder -Springen

„Course libre" in Arles: der provenzalische Stierkampf

auszubilden, so muß er über gewisse reiterliche Qualitäten verfügen, die dem Gardian eindeutig fehlen. Verlangt man andererseits von einem brillierenden Dressurreiter, einmal einen Stier aus einer Herde auszusondern, so wird er wahrscheinlich nach Camargue-Maßstäben sogar reiterlich versagen.
Die Reitweise des Gardians ist ein Mittel im Dienst eines genau umrissenen Zwecks. Denkt der Gardian bei der Arbeit – und das soll er, wie wir gesehen haben, nach Möglichkeit unterlassen –, so wird er sich vor allem mit dem Zustand der Rinder oder dem der Weide, mit den Bodenverhältnissen einer Passage oder mit dem Wetter beschäftigen; höchst selten nur mit Fragen der Dressur oder der Einwirkung auf sein Pferd. Er reitet somit völlig instinktiv oder intuitiv und bedient sich dabei seines Pferdes nicht anders, als er sich seiner eigenen Beine oder eines Fahrrads in der Stadt bedienen würde. Selbst beim Zureiten und bei der Abrichtung eines Jungpferdes zum Stierpferd wird er nur sehr selten an das Pferd *denken*. Bockt das Tier, so wird er bemüht sein, sich nicht aus dem Sattel katapultieren zu lassen. Scheut es vor etwas, so wird er automatisch seine Schenkel zurück-, die Zügel leise aufnehmen und es energisch vorwärts reiten. Will es nicht, wie er will, so wird er es kurz nach dem Grund aushorchen und gegebenenfalls schließlich die Sporen ansetzen... Doch all dies ist kein Ergebnis längerer Überlegungen, sondern eine, meistens unbewußte, Reaktion. Neigte sich Jan beispielsweise auf "Sans-nom" beim Herumhaken leicht vor die Senkrechte, so lehnte er sich im Gegenteil weiter zurück, wirbelte er etwa auf "Gabian" herum. Darauf angesprochen, pflegte er die Stirne zu runzeln und mich auszulachen: "Warum? Warum? – Reite Sansnom! Du wirst ihn kaum anders umspringen lassen, als ich!" Lange brauchte ich, um zu begreifen und auch zu akzeptieren, daß in der Camargue, wenn überhaupt, jede Pferde betreffende Frage stets nur im Sattel praktisch beantwortet wird.
Der Sportreiter hingegen kennt vier verschiedene Methoden, um ein Pferd aus dem Stand oder Schritt anzugaloppieren. Er weiß genau, wie er sich hinzusetzen und einzuwirken hat, um eine Pirouette zu reiten. Er versteht sein Pferd "in Haltung" zu bringen und denkt an die natürlichen und künstlichen Hilfsmittel, welche es die Hinterhand weiter unterschieben lassen könnten. Der Sportreiter denkt. Für den Anfänger ist das durchaus nützlich und gewiß auch normal. Wird jedoch aus dem Anfänger endlich ein Fortgeschrittener und eines Tages vielleicht sogar ein Meister, so kann er sich in der Regel das Denken nicht mehr abgewöhnen, ja, das "Fachsimpeln" im Freundeskreis wird ihm geradezu zur Leidenschaft, was menschlich zwar bestimmt verständlich ist, ihm reiterlich aber irgendwie die "Unschuld" dem Pferd gegenüber nimmt. – Die großen Vorbilder meiner Jugend: Gustav Steinbrecht, Oskar M. Stensbeck, Felix Bürkner, Otto Lörke, waren Reiter, die – das glaube ich zu wissen – zu Pferd höchst selten dachten, aber um so mehr in ihre Tiere hineinhorchten, hineinfühlten, wie die Gardians.

Habe ich somit eine kurze Antwort auf die Frage nach den besten Reitern abzugeben, so kann ich nicht umhin, zu sagen: Die größeren Reiter sind bestimmt die, die im Sattel *reiten,* statt das Pferd mit ihrem Wissen zu belästigen.

Die Stiere

Ursprung und Verwendung

In der Camargue und ihrer unmittelbaren Umgebung leben gegenwärtig vier verschiedene Gattungen Rinder:

1. der eigentliche Camargue-Stier, der vor allem für die "Course libre", die unblutige, provenzalische Abart des Stierkampfes, gezüchtet wird;
2. die "Croisés Espagnols", die "gekreuzten Spanier", das heißt Camargue-Rinder mit mehr oder weniger viel spanischem oder portugiesischem Blut, die hauptsächlich der Fleischverwertung, aber auch teils der spanischen "Corrida", dem blutigen spanischen Stierkampf, teils der "Course libre" zubestimmt sind;
3. die "Toros espagnols", reinrassige spanische oder portugiesische Kampfstiere oder spanisch-portugiesische Mischungen, die vor allem der Zucht von "Croisés" vorbehalten bleiben;
4. mischrassige Rinder mit in der Regel Camargue-Blut plus Longhorn- oder Brahma-, das heißt amerikanisches, und oft noch spanisches und portugiesisches Blut. Sie stellen Kreuzungsprodukte dar, deren Verwendung – abgesehen von jener bei den Rodeos – noch nicht genau feststeht. Meistens dienen sie früher oder später ebenfalls der Fleischverwertung.

Der reinrassige Camargue-Stier besitzt ein abzeichenloses seidenglänzendes schwarzes Fell, lyraförmige, hochangesetzte, vertikal vom Schädel abschweifende Hörner, deren Spitzen früher leicht nach außen wiesen, heute jedoch meistens so nach innen gewendet sind, daß sie sich – wären sie zwischen drei und sechs Meter lang – berühren oder kreuzen würden. Das Stirnhaar zwischen den Hörnern ist wollig gekräuselt, der Kopf lang und schmal, der Hals schmal und sehr beweglich, der Körper und die Beine sind außerordentlich "trocken", obgleich muskulös, das Auge ist stets in Bewegung. Der Camargue-Stier ist wohl seit jeher das nervöseste, agilste, wendigste und intelligenteste Rind überhaupt. Es besitzt zwischen 1,25 m (Kühe) und 1,30 m (Stiere) Stockmaß und wiegt zwischen 300 kg (Kühe) und 420 kg (Stiere). Was der spanische Bulle mit sturer Kraft vollbringt, versucht der Camargue-Stier stets mit Listen und durch Schliche zu erreichen und ohne seine Körperkräfte wesentlich einzusetzen.

Als der Reisbau in den Fünfzigerjahren einen immer größeren Umfang annahm, verpflichteten die Landbesitzer immer häufiger spanische Fachkräfte zum Anpflanzen oder zur Ernte. An den Sonnabenden und Sonntagen kamen die Landarbeiter oft in die Arena von Saintes Maries de la Mer, wo allwöchentlich einmal Jungrinder oder Kühe mit durch Messingkugeln oder Lederkappen geschützten Hörnern die Dorfjugend zum Spiel und Probekampf herausforderten. Hüpften die Dörfler jeweils in einem Sack quer durch die Arena oder bestiegen sie ein Fahrrad, um die verabredeten drei Runden um den Jungbullen herum zu drehen – was je einen Franken einbrachte – so versuchten sich die Spanier meistens als Toreros. Stolz schwangen sie sich über die Brüstung, ihre Sonntagsjacke wie eine Muleta oder Cape vor sich entfaltet, und provozierten eifrig den Stier: "Hoho Toro! Heiho Toro!" Und der "Toro" griff an. Anstatt jedoch, wie in Spanien üblich, folgsam und beschränkt allein das leise bewegte Tuch im Blick, am Stierkämpfer vorbeizurasen, hatten unsere Camargue-Rinder jeweils schon vor dem ersten Anlauf begriffen, daß sie da einer zum Narren hielt. Sie stoben heran, die Hörner gesenkt, und brachte sich der Torero nicht im letzten Augenblick in Sicherheit, so fuhren sie ihm zwischen die Beine, warfen ihn in die Luft und mußten anschließend daran gehindert werden, auf dem zerschundenen Mann auch noch herumzutrampeln.

Oben sagte ich, die Hörner der Camargue-Rinder hätten früher lyraförmig etwas nach außen gewiesen, während sie sich heute an einem imaginären Punkt über dem Stierschädel kreuzen. Tatsächlich gibt es bereits seit ungefähr fünfzig Jahren keine ganz reinrassigen Camargue-Stiere mehr, wenn die Wendung der Hörnerspitzen nach innen auch nahezu das einzige Erbe der ersten Blutmischung im 19. Jahrhundert ist und die Manadiers weiter stolz von ihrem "reinrassigen Camargue-Blut" sprechen. Doch, woher stammen die Camargue-Rinder überhaupt?

Wie einzelne Autoren das Camargue-Pferd um jeden Preis vom Steppen-Tarpan, also vom Ahnen der edelsten Araber-Pferde, abstammen lassen wollen, versuchen sie auch, das Camargue-Rind, mehr oder weniger erfolgreich, auf die griechischen oder kretischen Stiere zurückzuführen, das heißt letztlich: auf den Minotaurus. – Wissenschaftlich fest steht indessen, daß es in Südfrankreich lange vor dem Minotaurus bereits Urrinder gegeben hat. Vergleichen wir etwa das Exterieur des Camargue-Stieres mit dem, welches die Höhlenmaler zwischen 30 000 und 10 000 vor Christus festgehalten haben, so drängt sich der Schluß geradezu auf: das Camargue-Rind ist wohl der einzige, sich völlig treu gebliebene Nachkomme des eurasischen Urrindes. Wahrscheinlich ist es wieder der Unwegsamkeit und dem für Ackerbauern zu stark salzhaltigen Boden der Insel zu verdanken, daß sich hier, neben dem Solutré-Pferd, auch das Solutré-Rind rein erhalten hat. Ist der Camargue-Stier somit ein Nachfahre des *Bos taurus asiaticus* oder des *Bos taurus ibericus?* – Als wissenschaftlich fundiert erscheint gegenwärtig allein seine Abstammung vom weit älteren *Bos primigenius,* dem erwähnten eurasischen Urrind.

Jahrtausendelang diente das Camargue-Rind als Fleischlieferant, und noch heute ist dem nicht viel anders, wenn sich auch nur wenige Manadiers offen dazu bekennen. Zwar hofft jeder Herdenbesitzer beim Markieren jeder neuen Jungstier-Generation, ihr möge eine möglichst vielköpfige Gruppe von "Cocardiers", von mutigen Kampfstieren entwachsen, doch selten sind nach wie vor die Herden, in denen mehr als ein Dutzend guter bis ausgezeichneter Cocardiers zusammen weiden. Cracks; Stiere, deren Namen während der Stierkampf-Saison in aller Mund sind, gibt es gegenwärtig vielleicht ein gutes Dutzend in der ganzen Camargue; dabei zählte Gérard Gadiot im Jahre 1960 fünfundzwanzig Herden reiner Camargue-Rinder mit insgesamt rund 3 800 Tieren. (Diese Zahl dürfte sich bis heute – 1971 – etwa um zehn bis zwanzig Prozent verringert haben.) – Gewiß ist somit das Ziel jedes Herdenbesitzers, eine möglichst schlagkräftige Armee erstklassiger Kampfstiere aufzustellen. Zählt man jedoch die Tiere einer Herde, die niemals eine Arena von innen sehen, so befinden sich diese meistens in der Übermacht. Dieser Umstand ist weniger darauf zurückzuführen, daß die Zahl der weiblichen Tiere in den Herden immer überwiegt, als darauf, daß die psychischen Mechanismen, welche einen Durchschnittsstier zum großen Cocardier machen, noch nie richtig erforscht und somit bei der Zucht auch nicht berücksichtigt wurden.

Der Manadier, bei dem ich den größten Teil meiner Erfahrungen mit reinrassigen Camargue-Stieren gesammelt habe, besaß einen vierjährigen Cocardier, der "Pougau" hieß, was "Sumpfaal" bedeutet und genau auf ihn paßte, weil er sich stets in die unzugänglichsten Winkel der Schilfmeere verkroch. Pougau lief seine erste große Course – den ersten wichtigen Kampf – in St. Rémy de Provence. Er kam dabei auf sechs oder sieben "coups de barrière", das heißt er verfolgte sechs oder siebenmal den Razeteur (Stierkämpfer), der ihm die an den Hörnern angebundenen Wollzöttelchen oder die zwischen den Hörnern befestigte Cocarde (ein rotes Seidenschleifchen) abreißen wollte, bis an die hölzerne Brüstung, über die die Kämpfer in Notfällen wegflanken, und zwar so, daß seine Hörner krachend in die Barriere fuhren. Nach bereits zehn Minuten – jeder Stier bleibt genau eine Viertelstunde im Ring – wagte sich kein Kämpfer mehr an ihn heran, was die Zeitungen, die anderntags mit Pougau sogar aufmachten, nachdrücklich beklagten. Pougau war der große Held des Tages, und das in einem "Concours de Manades", in einem Kampf, zu dem drei verschiedene Herdenbesitzer ihre jeweils besten beiden Stiere mitgebracht hatten. Vierzehn Tage später lief Pougau in Château-Renard und triumphierte wiederum, vier Wochen danach in Fontvieille, wo er sich erstmals schlecht gelaunt zeigte; drei Wochen darauf in Montfrin, wo er erneut glänzte... Dann begann er, sich jeweils unvermittelt in der Mitte der Arena aufzubauen und keinen Schritt mehr weiter zu tun. Im Herbst lief er noch einmal als unbestrittener Held des Tages, um daraufhin wieder und wieder, als ein energieloser Ochse, die Razeteurs nur eben zu beglotzen.

Seit langem fütterten wir ihn mit Spezialrationen Hafer, Gerste oder Kraftfutter: ergebnislos. Dann trennten wir ihn und die anderen Cocardiers von den Kühen, nahm der Patron doch an, Pougau verausgabe sich zu sehr. Endlich sonderten wir ihn sogar von den Cocardiers ab, da er sich pausenlos mit ihnen herumschlug, und verbrachten ihn mit einem Dutzend Jungbullen zusammen auf eine eigens aufgesparte Weide. – Am Ende des Winters ließ ihn der Patron, nach zwei Versuchen in der Arena, kastrieren. Im Frühling bestritt er darauf drei Courses von zehn geradezu großartig, um während der übrigen wieder nur ins Publikum zu blinzeln. – Weder der Patron, noch die mit ihm befreundeten Manadiers, noch wir haben je herausgefunden, weshalb Pougau einmal als Super-Star lief und alsbald die Razeteurs wieder nur amüsierte. Und wie es so scheinbar kein erprobtes Rezept für die Pflege oder Fütterung der Cocardiers gibt, vererben sich auch die kämpferischen Eigenschaften der Väter nie sicher auf die Nachkommenschaft.

Der erste fremde Blutzuschuß, welcher dem Camargue-Rind eingekreuzt wurde, stammte nachweislich aus der spanischen Provinz Navarra und von den Stieren und Kühen, die der Manadier Joseph Yonnet im Jahre 1869 eingeführt hatte, um seine Cocardiers angriffslustiger zu machen. Die Kreuzung bewährte sich so gut, daß nur sechs Jahre später ein anderer Herdenbesitzer, Théophile Papinaud, ebenfalls spanische Stiere – doch aus der Provinz Andalusien – erwarb. Etwa die Hälfte aller Manadiers kaufte daraufhin ihrerseits entweder spanische Zuchtbullen oder Kreuzungsprodukte aus den Herden Papinauds und Yonnets. Um die Jahrhundertwende stellten so die noch vollständig reinrassigen Camargue-Rinder nurmehr eine kleine Minderheit dar. Heute gibt es sie, wie gesagt, überhaupt nicht mehr.

Blieb die eine Hälfte der Manadiers in der Folge der Zucht relativ reinrassiger Camarguestiere treu, so unterhielt die andere bewußt den Zuschuß des spanischen Blutes, so daß Gérard Gadiot 1960 achtzehn gekreuzte Herden zählen konnte mit einem Bestand von 2 550 Stieren und Kühen. Seither dürfte die Zahl dieser Zuchten etwa die gleiche geblieben sein, die Anzahl der gekreuzten Tiere sich jedoch weiter erhöht haben.

Der "Croisé Espagnol" erreicht nicht selten 1,40 m Stockmaß. Er kann ein makelloses schimmerndes schwarzes Fell besitzen oder rotbraun bis dunkelbraun gefärbt, schwarz-weiß oder braun-weiß gefleckt sein. Als kapitaler Bulle wiegt er in der Regel bis zu einhundertfünfzig Kilogramm mehr als der Camargue-Stier, und kann so 600 kg Gewicht erreichen. Sein Körper ist mächtiger, breiter, spektakulärer gebaut als der des reinen Camarguais, jedoch selten eleganter oder schöner proportioniert. Sein Schädel ist kürzer, die Stirne bulliger, der Hals breiter und tiefer. Sein Widerrist besitzt nicht ganz die für den spanischen Stier charakteristische Mächtigkeit, weist jedoch deutlich auf die iberische Abstammung hin. Seine Glieder sind kürzer und gröber als die des Insel-Stiers, und an Schnelligkeit, Gewandtheit und Nervosität ist er diesem unterlegen, wenn auch nicht an Bösartigkeit, Angriffslust und Rücksichtslosigkeit. – Greift, in der Tat, der Camargue-Stier normalerweise den Reiter nur an, wenn er sich in die Enge getrieben fühlt, so kennt der Croisé, wie der reine Spanier und Portugiese, keinerlei Pardon und rast alles zuschanden, was sich nur bewegt.

Es ist nicht auszuschließen, daß die Course libre, der provenzalische Stierkampf, durch die Einkreuzung des spanischen Bluts in die Camargue-Rasse an Spannung gewonnen hat. Der Verwendung der offiziell als "gekreuzte Spanier" bezeichneten Bullen in der Corrida, im spanischen (blutigen) Stierkampf, setzen heute aber nicht selten die Toreros selber Grenzen, indem sie sich ganz einfach weigern, mit Croisés zu kämpfen. Tatsächlich vereint ein guter "gekreuzter Spanier" die Macht, Kraft und das tiefangesetzte Hornpaar des spanischen Stiers mit der Intelligenz, Lebhaftigkeit und Nervosität des Camargue-Stieres und gehört damit zum gefährlichsten Stier-Typ, dem ein Matador gegenübertreten kann.

Zurück zum eigentlichen Camargue-Stier, zum traditionellen Schutzbefohlenen des Gardians. Ihn haben, wie das Camargue-Pferd, die Jahrtausende in der Wildnis körperlich und charakterlich geformt, und er ist – wie das Pferd – nahezu vollkommen an die Lebensbedingungen des Deltas angepaßt, auch wenn er weit häufiger unter weit mehr Krankheiten zu leiden hat als die Schimmel der Insel. Die größten Verluste der letzten zwanzig Jahre verursachte die Maul- und Klauenseuche. Ich kannte einen Manadier, der durch sie in einem einzigen Monat seine gesamte Herde eingebüßt hat und so, obwohl er über genügend eigenes Land verfügte, in kürzester Zeit verarmte. Nicht selten leiden die Rinder auch unter allerlei Parasiten, wie Darm- und Leber-Würmern. Auch zeigen sie sich außergewöhlich harten oder langwährenden Kälteeinbrüchen gegenüber empfindlicher als die Pferde, obgleich auch sie im Spätherbst ein dichtes Winterfell hervorbringen und, wie die Schimmel, das Eis an ihren Tränken aufzubrechen verstehen.

Wie das Camargue-Pferd, lebt der Camargue-Stier im lockeren Herdenverband, in Gruppen und Grüppchen, die sich voneinander absondern, sich jedoch selten aus der Hör- oder Sehweite des Leitstiers wegbegeben – es sei denn zum Abkalben oder, notgedrungen, auf der Suche nach noch nicht kahlgeweideten hohen Böden. Obgleich sich die Gruppen unablässig umgliedern, neu formen oder mit anderen für kurze Zeit vereinen, scheint in jeder einzelnen jeweils ein Tier – Stier oder Kuh – die Führung zu übernehmen. Und die Kämpfe zwischen den Bullen haben denn auch in der Regel keinen anderen Zweck als den, die Rangordnung und damit den Anteil an den Kühen in der neugebildeten Gruppe zu bestimmen. Sie enden selten mit ausgesprochen schweren Verletzungen und beinahe nie mit dem Tod, wohl weil der schwächere Bulle sich stets rechtzeitig zurückzieht, das heißt sich dem stärkeren unterwirft, oder aber zu einer anderen Gruppe überwechselt. Rangkämpfe finden auch hin und wieder zwischen Kühen statt, nie aber zwischen Stieren und Kühen. Dem gesamten Herdenverband ordnet der Manadier stets einen "Dompteur" oder "Herdenführer", den sogenannten "Simbèu" über, ein männliches Rind – Stier oder Ochse – das, als einziges Tier, eine Glocke oder Schelle (lou redoun) trägt. Ihr Klang soll dem Gardian den Standort der Herde signalisieren. Der "Simbèu" ist normalerweise ein wenig angriffslustiger, verhältnismäßig gutmütiger Ochse, dem die Gardians überdies die Hörnerspitzen abgerundet haben. Oft handelt es sich dabei um einen mit der Flasche aufgezogenen Stier. Jedenfalls gewöhnen ihn die Gardians daran, auf ihre Stimmen zu hören, den Reiter nicht zu fürchten und vor allem bei schwierigen Passagen oder tückischen Bodenverhältnissen der Herde vorauszutrotten. Er stellt somit eher einen Wegweiser dar, denn den Leitstier der Herde, und wird als solcher von den übrigen Rindern und selbst von den Gruppenführern respektiert. Er stampft der Herde voraus, wenn ein Weidenwechsel vorgenommen wird. Er betritt als erster den Korral, in dem zum Beispiel sechs Cocardiers für einen Stierkampf ausgesondert werden sollen. Er ist das erste ausgesonderte Tier, dem die übrigen nach und nach in die Pferchecke zugesandt werden. Und er geleitet, am Ende des viertelstündigen Stierkampfes, den Cocardier aus der Arena in den Stierstall zurück. Ein guter Simbèu ist, nach dem Pferd, der wichtigste Mitarbeiter des Gardians, und oft hängt es von ihm ab, ob das Aussondern der Cocardiers vor dem Kampf zu einer fröhlichen Sonntagmorgenbeschäftigung oder zu einem harten Kampf mit ungewissem Ausgang wird.

Die Programme der Kämpfe sind seit Tagen gedruckt und im ganzen Süden der Provence jedem "Afficionado", jedem passionierten Stierfreund, geläufig. Wehe dem Manadier, dem es nicht gelingt, alle sechs namentlich aufgeführten Stiere in die Arena zu bringen. Gewiß flunkern die Herdenbesitzer und Gardians nur selten, wenn sie sich auf der Jurytribüne beim Publikum dafür entschuldigen, daß dieser oder jener Bulle nur fehle, weil er sich ein Schilfende in die Klaue getreten habe oder von einem anderen Stier an der Schulter verletzt worden sei. Doch allzuoft ist es in einem solchen Fall den Gardians nicht gelungen, den gewünschten Cocardier auf der Weide zu finden oder im Pferch schließlich auszusondern – meistens nur, weil sie oder ihr Simbèu versagt hatten.

Neben den Stieren, Jungbullen, Kühen und Kälbern gibt es in jeder Herde eine gewisse Anzahl Ochsen, die nicht weniger angriffslustig sind als die übrigen Rinder. Normalerweise werden die Jungbullen mit zwei oder vier Jahren nur deswegen kastriert, weil sie nicht genau dem Zuchtziel der Herde entsprechen oder aber einem Jahrgang entstammen, der zuviele männliche Tiere hervorgebracht hat. Auf ihre Qualitäten als Cocardiers, Kampfstiere, scheint die Kastration keinen nennenswerten Einfluß zu haben, ja, der zweite Ausdruck für "Cocardier", der "biòu" lautet, heißt wörtlich übersetzt "Ochse", und viele der ganz großen Kampfstiere waren in Wirklichkeit bloß Ochsen.

In der provenzalischen "Course libre" werden häufig auch Kühe eingesetzt, welche die Razeteurs oft nicht weniger fürchten als die Stiere. Zur Zeit meiner Gardian-Lehre war eines der bekanntesten Camargue-Rinder die Kuh "Mireillette", die die unangenehme Eigenheit besaß, den Stierkämpfern nicht nur bis zur Barriere zu folgen, vielmehr ihnen über die Brüstung nachzuspringen, worauf sie den Mann – erwischte sie ihn – nicht etwa mit den Hörnern angriff, sondern mit den gebleckten Zähnen. Wir Junggardians, die wir uns bei jeder Course sonst in der Contre-Piste aufhielten, um dem Geschehen im Rund näher zu sein, das heißt zwischen der rotgestrichenen Barriere und der steinernen Mauer, hinter der oder auf der die Zuschauer saßen, zogen uns an Sonntagen, an denen "Mireillette" ihre Trophäen verteidigte, stets kleinlaut zum übrigen Publikum zurück. Man kann somit vom Camargue-Rind durchaus behaupten, in der Arena ließen sich hinsichtlich Kämpfermut keine wesentlichen Unterschiede zwischen Stieren, Ochsen und Kühen feststellen. Ja, ich kenne eine ganze Reihe Gardians, die immer wieder versichern, eine angriffslustige Kuh sei zehnmal gefährlicher als der wütendste Bulle, denn sie wiege ihr leichteres Körpergewicht und ihre beschränkteren Kräfte mit mehr List und Tücke und noch nervöserer Gewandtheit auf.

Die allein dank des Weidezauns aus Stacheldraht als domestiziert geltende, in Wirklichkeit jedoch halbwilde Rinderherde weidet das ganze Jahr über im Freien. Wurden in den letzten Jahren für die Pferde hier und dort vereinzelt mehr oder weniger primitiv überdachte Heuraufen aufgebaut, so kennen die Stierherden einen künstlichen Windschutz oder ein Dach nicht einmal von weitem. Die Manadiers, deren Weiden am Ende der Welt zu liegen scheinen, das heißt in der Regel am Ende eines maßlos schlechten, zerfurchten, kaum befahrbaren Weges, zählen sich zu den glücklichsten. Denn je seltener eine Herde von Autos oder Menschen am Zaun gestört wird, um so vollständiger erhält sie sich ihren Instinkt, besonders Fußgänger umgehend anzugreifen . . . Und die Razeteurs sind weißgekleidete Fußgänger, die allein durch die Schnelligkeit ihrer Beine, ihren Mut und die Gewandtheit ihrer Körper über den Camargue-Stier zu triumphieren vermögen. – Auf jeden Fall kommt selbst der unschuldigste Sonntagsspaziergang auf einer Stierweide in der Camargue einem Tanz auf dem hohen Seil gleich, was jedes Jahr mancher überhebliche oder ignorante Tourist erst im Krankenhausbett einzusehen beginnt.
Während meines ersten Lehrjahrs wettete einmal ein bärtiger Schweizer an einem Samstagabend beim Apéritif mit den Fischern von Saintes Maries, er werfe eine der Camargue-Kühe, die am gleichen Abend bei Scheinwerferlicht in der Arena laufen sollten, spätestens mit dem dritten Versuch um, denn was er in den Schweizer Alpen mit viel schwereren Kühen praktiziert habe, müsse ihm mit den Delta-Rindern erst recht gelingen. – Er hielt, zu unserer Verwunderung, tatsächlich Wort. Zwar krachte die Kuh nicht beim dritten Anlauf in den Staub, sondern erst beim zwölften, auch warf er sie nicht allein um, vielmehr mit der Hilfe eines Gardians – doch immerhin: die Kuh lag kurz am Boden. Der bärtige Sieger blutete indessen aus mindestens einem Dutzend Wunden, hatte kein heiles Kleidungsstück am Leib und kroch noch tagelang mehr auf dem Boden herum, als er aufrecht ging. Doch die Fischer bezahlten und dankten insgeheim den Heiligen Marien dafür, daß der junge Fremde überhaupt noch am Leben war.
Ein anderes Mal ritten wir über die Salzsteppe beim Pèbre. Ich begleitete die

beiden Damen, die sich ein Jahr zuvor zwischen den Luftspiegelungen in Beauduc verirrt hatten, von ihrem Ausflug auf die andere Seite der Großen Rhône nach Saintes Maries de la Mer zurück. Es war gegen vier Uhr an einem stickig heißen Juli-Nachmittag. Das Gleißen der Salzschicht auf dem Boden blendete unsere Augen unter den tief in die Stirne gerückten Huträndern, so daß wir kaum mehr wußten, wohin wir blicken sollten. Rechterhand verrieten Tamariskendickicht und schütteres Schilf die Nähe des südlichen Vaccarès-Ufers. Links loderte die Steppe, soweit der Blick reichte... Nein! Etwa fünfhundert Meter weiter südlich machte ich plötzlich mitten im Gleißen eine mehrhundertköpfige Stierherde aus. Ich wußte, wem sie gehörte, und wußte auch, daß es sich um eine Herde gekreuzter Spanier handelte, die hier völlig frei, ohne Zaun und Aufsicht auf der Steppe weidete. Ich war noch nicht ganz ans Ende meiner Überlegungen gelangt, als mein Dur begann, unablässig zur Herde hinüberzublicken. Sehnte er sich nach Arbeit mit den Stieren? Er wurde aufgeregt und unruhig und steckte schließlich sogar die Pferde der beiden Damen an. Ich beschattete die Augen zusätzlich mit der Hand und luchste angestrengt hinüber. Teufel! Was war das? – Eine Gruppe mächtiger Bullen hatte sich zusammengerottet und stapfte der Herde aufgeregt voran auf zwei ausgedörrte Tamariskenstämme, schräg vor uns, zu, die ich hier noch nie gesehen hatte. Ich bat die Damen, ihre Pferde zurückzuhalten, und gab Dur die Zügel hin. Er satzte im gleichen Augenblick davon, und ich flog vogelschnell auf die Tamariskenstämme zu. Plötzlich glaubte ich, einer der Stämme habe sich bewegt. Nun bewegten sich tatsächlich beide, entpuppten sich als rucksackbepackte Wanderwesen in Tennisschuhen, die die herantrottenden Stiere gemächlich durch Feldstecher musterten. Als ich Dur neben ihnen durchparierte, befanden sich die Bullen kaum mehr zweihundert Meter von uns entfernt. Ich sprach die Burschen – vielleicht etwas zu aufgeregt – auf französisch an. – Schweigen! – Endlich sagte der Jüngere kopfschüttelnd zum anderen auf deutsch: "Dem piepst's wohl!" Ich fragte sogleich auf deutsch und etwas ruhiger, ob sie denn nicht begriffen hätten, daß das dort drüben Kampfstiere seien. Die Herde war inzwischen bis auf ungefähr einhundert Meter herangekommen und glücklicherweise unschlüssig stehen geblieben. "Kampfstiere? " grinste der Ältere, "Sie scheinen nicht zu wissen, daß wir uns hier in Frankreich und nicht in Spanien befinden! – Wir warten, bis die Kuhherde noch etwas herankommt; das gibt ein prima Photo!" Ich brauchte mindestens zehn Minuten, um die beiden davon zu überzeugen, sich am besten auf der von der Herde abgewendeten Seite meines Durs aus dem Staub zu machen, bevor die Bullen angriffen. Mehr als einmal war ich dabei versucht, sie sich selbst zu überlassen, denn vom Ratschlag: "Nehmen Sie doch das Maul nicht so voll!," bis zur Schimpfe: "Schämen Sie sich, auf einem so mickerigen Pferdchen durch die Hitze zu rasen!", bekam ich ein ganzes Register wenig löblicher Meinungen zu hören. Endlich machten sich die Burschen dennoch auf den Weg, wohl weil die Stiere mittlerweile noch etwas herangerückt waren und selbst für Wanderergehirne nicht mehr nach Milchkühen aussahen.

Der Stierkult

Heute ist Feiertag, obwohl auf dem Kalenderblatt "Mittwoch" steht; Mittwoch, Anfang Juni. Gestern haben Jan und ich unser Sattelzeug geputzt, die Sporen und Tridents entrostet und eingefettet, endlich ein Paar neuer Gardianhosen, ein sauberes Hemd, eine neue Weste und die schwarze Samtjacke aus dem Schrank geholt und bereitgelegt. – Heute morgen rasselte uns der Wecker schon um vier Uhr aus dem Schlaf. Wir zogen uns schnell an, während das Kaffeewasser zu singen begann, tranken darauf stehend die bitterbraune Brühe, verdrückten beim Satteln unserer Stierpferde das Ende einer "Baguette", eines Brotes, schlossen die Hüttentüre ab, schoben den Schlüssel unter die Fußmatte, schwangen uns in die Sättel und trabten durch die Morgendämmerung dem Etang des Launes zu. Kurz vor dem Dorf bogen wir nach Osten ab, dann nach Nordosten, erreichten den Damm, der dem Nordende des Vaccarès entlang nach Méjanes führt, den Mistral im linken Ohr unter der Hutkrempe.
Punkt halb sieben Uhr erreichten wir Carrelet. Der Patron, der mit einem zusätzlich "ausgeliehenen" Gardian zusammen bereits im Auto angekommen ist, hat die Sattelpferde eingefangen, gefüttert und nun sind sie dabei, die Tiere aufzuzäumen. Wir stürzen in der rauchgeschwärzten Küche des Gehöfts noch eine Tasse heißen Kaffee hinunter, den uns der Wildhüter bereitet hat, dann knarren erneut die Sättel unter uns, klingeln die Kinnkettenenden, poltern dumpf die Hufe. Der Wildhüter hat behauptet, die Stiere stünden am Nordwestende der Weide. Tatsächlich trägt uns der Wind zwei-, dreimal Schellengeklirr aus nordwestlicher Richtung zu – doch kann man dem Mistral vertrauen? Unter dem Nichtraucher-Blick des Patrons beginne ich, eine Zigarette zu rollen. Der Manadier trabt an. Ich drehe weiter. Er galoppiert an. Ich lasse Dur anspringen und brenne die Zigarette an. Der Patron pariert durch. Wir lassen die Pferde erneut starken Schritt gehen. Der Manadier grinst: "Ben, von nun an darfst Du bei der Arbeit ausnahmsweise rauchen! Coumprés? "
Vor uns, auf der gegenüberliegenden Seite eines Tümpels, weiden zwei Rindergruppen. Der Patron und Hubert biegen nach Norden ab, Jan und ich nach Süden. Wir schlagen einen weiten Bogen um die vereinzelt uns nachblickenden Rinder und beginnen endlich zu locken: "Heeeoh! Vène, vène, vène, heeiooh!" Der Wind weht uns die Lockrufe des Patrons und Huberts – des "Leihgardians" – zu. Die beiden müssen den Simbèu ausgemacht haben, denn wieder und wieder rufen sie ihn an: Heeooh, hoh Cailaren, vène, vène, vène!" – Jan brüllt mir zu, dem ehemaligen Rhônearm entlang zu treiben, der Carrelet von

der Weide der "Grandes Cabanes" trennt. Mein Dur prescht davon, ohne daß ich ihm bewußt das Zeichen dazu gegeben habe.

Wir erreichen den Kanal. Ich pariere durch und beginne zu locken. Von überall her scheinen plötzlich Rinder aus Tamariskengestrüpp, Schilfdickicht und dem Röhricht der Tümpelränder zu brechen und sich gleichmütig dem breiten Strom der schwarzen Leiber anzuschließen, der von Nordwesten her dem fernen Mas zustrebt. Cailaren, der Simbèu, trottet der Herde voran und führt sie quer über die Weide dem Durchlaß im Zaun zu, den Jan und ich auf dem Hinweg zum Gehöft geöffnet haben.

Das Land von Carrelet war damals in vier Weiden aufgeteilt, in

1. die Sommerweide, die die sumpfigen Stellen, die Tümpel und etwas Steppe, das heißt etwa fünf Zehntel der Besitzung umfaßte;
2. die Frühlings- und Herbstweide, die aus ehemaligen Reisfeldern, etwas Steppe und Tamariskendickicht, das heißt aus zwei Zehnteln des Bodens bestand und rund um das Mas herum lag.
3. den Pferch zum Aussondern und Verladen der Tiere, den eigentlichen Korral (provenzalisch: bouvau);
4. die Winterweide, jenseites des Dammes, am Ufer des Vaccarès, rund um das "Trou d'Or" (Goldloch), das ein kleiner Tümpel darstellte, in dem ein Gardian einmal Goldmünzen aus der Römerzeit gefunden hatte. Diese Weide, die beste von allen, umfaßte die restlichen drei Zehntel der Besitzung, die sich unser Patron und ein anderer Manadier als Pächter teilten.

Mittlerweile haben wir den losen Herdenverband dichter zusammengetrieben. Am Zaun, der die Sommerweide von der Frühlings- und Herbstweide trennt, stocken die Tiere, obgleich Jan vorausgeritten ist, um Cailaren den Durchgang zu zeigen. Der Simbèu scheint unentschlossen. Jan ruft ih an: "Heei Cailaren, vène, vène!" Da endlich tritt der Herdenführer durch das Gattertor, und die Rinder drängen ihm sogleich, als eine aufgeregt kurztrottende Masse, nach. Ich springe vom Pferd, packe das Drahtportal bei der letzten vertikalen Verstrebung, führe deren unteres Ende in die Drahtschlinge am Zaunende ein und zurre das Anbindeseil fest. Der Durchlaß ist wieder geschlossen. Wir bringen die Herde in die Südwestecke der Herbstweide, "parken" (provenzalisch: acampa) sie hier und reiten im Schritt zum Korral weiter, wo der Wildhüter bereits ein mächtiges Feuer angezündet und – was uns als noch wichtiger erscheint – den schweren Frühstückskorb des Patrons auf ein Tischtuch ausgepackt hat.

Der Patron schiebt auf einem Grill ein halbes Dutzend "Andouillettes" in die Glut, kurze Stummelwürste aus Innereien, verteilt Brot und die Weinflaschen,

oben: „Course emboulée": Stierspiele der Dorfjugend
unten: „Course libre": Razeteur (Stierkämpfer) beim Versuch, die zwischen den Stierhörnern angebundene Cocarde zu erringen

Radieschen, Schinken und Pâté, und wir zücken die Gardianmesser und essen. Schließlich gibt es ein gutes Dutzend verschiedener Käse, Obst, Karamel-Köpfchen und Bisquits, während unsere Pferde in die umgehängten Hafersäcke prusten und der Patron das schmiedeiserne Brandzeichen überwacht, das sich in der Feuerglut zu röten beginnt.

Kurz vor zehn Uhr hält draußen, vor dem Eingang zur Besitzung, ein Reisebus. Kamerabestückte Engländer, Amerikaner, Skandinavier; Damen und Herren jeglichen Alters entsteigen ihm und beginnen zu knipsen: uns, unsere Pferde, das Feuer, die Herde am Horizont, den Korral, den Frühstückskorb, sich selbst gegenseitig neben den Pferden oder vor uns. Der Patron hat den Höhepunkt des Tages, die Ferrade, das Markieren der Jährlinge mit dem glühenden Brandzeichen der Herde, an ein Reisebüro verkauft, wie es seit kurzer Zeit die Mehrzahl der Manadiers tut, um wenigstens den Boden der ewig leeren Weidepacht-Kasse mit einigen Scheinen zu bedecken.

Wir schwingen uns in die Sättel. Hubert und der Wildhüter nehmen uns die Sedens ab, unsere Lassos aus Pferdehaar, und bauen sich zu Fuß neben dem Feuer auf. Wir traben derweil zur Herde hinüber, die sich etwas zerstreut hat, und treiben sie wieder zusammen. Dann reitet der Patron zwischen die durcheinanderwogenden Leiber, und keine drei Minuten später hat er ein "Anouble", einen ersten Jährling ausgesondert. Jan und ich preschen los. Wir verfolgen das Jungrind, das auf die Steppe hinausbraust, ohne es vorderhand zu bedrängen. Dann schließen wir allmählich auf, biegen seinen Lauf auf das Feuer zu. Hundertfünfzig Meter vor diesem versuchen wir, den Jährling zwischen uns einzukeilen. Zweimal entkommt er uns, bricht durch Tamariskengestrüpp und das Röhricht einer Roubine. Doch da haben ihn Jans Sans-nom und mein Dur wieder eingeholt. Wir bringen ihn erneut in die Richtung des Feuers, schließen mehr und mehr auf, sind noch sechzig Meter, noch fünfzig, vierzig, dreißig vom Feuer entfernt, da fällt Jan seinen Trident, schiebt Sans-nom noch näher an das Rind heran: ein Stoß an die Kruppe läßt seine Hinterhand wegrutschen, doch vorne bleibt es auf den Beinen, hat sich augenblicklich wieder aufgerappelt, rast weiter. Nun keilen Jan und ich es zwischen uns ein. Jan packt plötzlich mit der rechten Faust das linke Horn des Tieres, während ich mich aus dem Sattel gleiten lasse und es im Sturz mit zu Boden reiße. Dur stemmt augenblicklich die Hufe in den Boden und wird nicht mehr von der Stelle weichen, bis ich wieder aufgesessen bin. Jan läßt Sans-nom herumhaken und kommt mir sogleich zu Hilfe. Keinen Augenblick zu früh. Nach der ersten Überraschung, sich auf einmal umgeworfen zu finden, versucht der Jährling eben mit verzweifelten Kraftanstrengungen, wieder auf die Beine zu kommen. Ich halte ihn am Boden fest,

oben: Reisernte in der Camargue
unten: Hinterlassenschaft des Tourismus in der Camargue

bis Jan das Tier bei den Hörnern gepackt hat und wir es vorsichtig sich erheben lassen können.
Da kommen Hubert und der Wildhüter an, streifen dem Jungbullen die Sedenschlingen über die Hörner, und zu dritt ziehen und stoßen wir das laut blökende Tier vollends zum Feuer, werfen es auf seine rechte Seite um, fesseln ihm die beiden Klauenpaare zusammen. Der Patron ist unterdessen aus der Herde herübergetrabt und überprüft die Glut des Brandeisens. Während Hubert die Vorderläufe des Jungrindes nach vorn zieht, der Wildhüter die Hinterläufe nach hinten und ich den Schädel mit den Hörnern nach unten auf der Erde festhalte, brennt Jan ihm das Herdenzeichen auf die linke Hinterbacke. Eine, zwei Sekunden lang, wehrt sich der Junge wie ein Teufel. Dann kniet der Patron neben seinen Schädel nieder und trennt mit zwei schnellen Messerschnitten ein kleines Dreieck aus jedem Ohr. Darauf erhebt er sich, zückt ein Notizbuch und trägt den Jährling unter einem Namen ein, der eines Tages vielleicht auf den Stierkampfplakaten prangen wird. – Erst mit der Zeremonie des Brennens und der Anbringung der "Escoussures" – der Verleihung der für die Herde charakteristischen Ohrformen – beginnt der Stier, für seinen Besitzer offiziell zu existieren, obwohl er mit dem Menschen bereits einmal unangenehm bekannt geworden ist. Das war, als er – ein sechs Monate junges Kalb – noch immer am Euter der Mutter saugte, obgleich er inzwischen die nahrhaften Kräuter von den salzig- oder bitterschmeckenden zu unterscheiden gelernt hatte. Damals sonderten ihn die Gardians, wie heute, wenn auch im Pferch, von der Mutter ab, fingen ihn – ebenfalls zu Fuß – ein und zogen ihm einen handgeschnitzten, hölzernen Halbmond durch die Nasenscheidewand, der ihn in der Folge am Saugen, wenn auch nicht am Fressen hinderte. Diesen "Mourrau" oder "Musèu" genannten hölzernen "Entwöhner" hatte er erst drei Monate später wieder verloren, als er einmal die Nase an einem Tamariskenstamm gerieben hatte; jedenfalls zu spät, um mit dem Saugen neu zu beginnen. Die Mutterkuh ging inzwischen wieder trächtig und wollte auch ihrerseits längst nichts mehr von ihm wissen.
Ich halte noch immer den Schädel des Jungrindes am Boden fest. Die Touristen aus dem Reisebus haben sich näher und näher gewagt und knipsen eine Großaufnahme nach der anderen. Hubert streift dem Jährling die Fußfesseln von den Gelenken, packt ihn am Schwanz, und wir lassen das Tier sich vorsichtig erheben. Etwas verwundert glotzt es in die Kameras. Wir drehen es um, geben seinen Blick auf die Herde frei, die sich am Horizont erneut zerstreut. Hubert läßt den Schwanz los, läuft zu seinem Pferd, schwingt sich in den Sattel. Alle Reiter, außer mir, sind aufgesessen. Der Wildhüter hat sich und meinen Dur zwischen den Tamarisken in Sicherheit gebracht. Um mich herum stehen, in einem gewissen Abstand, noch immer die Touristen: tant pis pour eux! Ich lasse das Jungrind los. Statt geradeaus auf die Herde zuzujagen, wirbelt es herum, greift mit gesenkten Hörnern an. Ich werfe mich zur Seite. Es prescht knapp an mir vorüber auf den nächststehenden Touristen los, einen jungen

Engländer, der sich so überrascht zeigt, daß ihm der Jungstier mühelos die Beine unter dem Leib wegrennt. Dann wirbeln eine Kamera, eine Anzugsjacke, ein Hut, ein Kamerastativ und ein Amerikaner durch die Luft. Ein anderer Engländer reißt aus, wird eingeholt und kurzerhand überrannt. Ein Däne versucht, das heranbrausende Rind an den Hörnern aufzufangen, verliert dabei den Stand und stürzt. Dann hat das Tier erneut mich ins Auge gefaßt. Ich rette mich auf die andere Seite des Feuers, dem es nun ausweicht, um endlich doch noch zur Herde hinüberzugaloppieren.

Die Gardians haben inzwischen auch ihrerseits die Herde erreicht. Die Touristen hinken nach und nach zu ihrem Bus zurück und schließen vorsorglich sogar die Tür, als der zweite Jungbulle angebraust kommt. Jan und Hubert rücken dem Tier eben zu Leibe. Es hakt herum, rast nach Norden, wird von Sans-nom und Jan überholt, wirft sich nach Osten, gewahrt Hubert, wechselt erneut die Richtung, scheinbar um ihn anzugreifen, satzt im letzten Augenblick nach Osten zurück, überspringt nun einen ausgetrockneten Kanal, und die beiden Reiter haben es schon wieder eingeholt. Diesmal packt Jan es am Schwanz, sowie sie in der Nähe des Feuers anlangen, treibt Sans-nom härter an, überholt das Rind, nicht locker lassend, und wirft es aus dem vollen Lauf um. Bevor es sich aufgerappelt hat, sind Hubert und Jan aus den Sätteln gesprungen und halten es fest, bis der Wildhüter und ich bei ihnen ankommen und es ihnen abnehmen.

Die Touristen fotografieren und filmen durch die Busscheiben. Von nun an wird die Arbeit etwas zügiger vonstatten gehen. Nach dem Brennen des vierten Jährlings fahren sie weiter, obgleich wir noch drei Einjährige, zwei Zweijährige und einen Dreijährigen zu markieren haben – den "Ternen" (Dreijährigen), einen beinahe ausgewachsenen Kampfstier selbstverständlich im Korral, da mit ihm anders kaum fertigzuwerden ist. Auch so sind wir bis gegen fünf Uhr nachmittags beschäftigt. Dann reiten Jan und ich nach einer halben Stunde Pause nach Saintes Maries de la Mer zurück, wo uns der Patron einen "Pastis" (Apéritif) spendiert. Der Feiertag ist zu Ende. Nach dem Essen in unserer Hütte, sechs Kilometer vom Dorf entfernt, sinken wir, wie erschlagen, in die Betten: Morgen ist ein Arbeitstag!

Der offizielle Sinn und Zweck der Zucht reinrassiger Camargue-Rinder – haben wir gesehen – ist und bleibt vorderhand die "Course libre". In der Camargue, in ihrer näheren und oft sogar weiteren Umgebung ist tatsächlich kein Dorffest denkbar – ob Ostern, Erster Mai, Pfingsten, Vierzehnter Juli (Nationalfeiertag), Fünfzehnter August (Fest der Heiligen Maria), das Fest des Dorfheiligen, das jeweils eine ganze Woche dauert und eigentlich ein Erntedankfest ist, oder Elfter November (Siegesfest) – ohne daß mindestens eine "Course" am Tag stattfindet. Bisher wurde deshalb schon eine ganze Reihe Bücher und Artikel zur Frage geschrieben, weshalb und seit wann der Stierkampf für den Südprovenzalen und die Bewohner des Languedoc eine so große Rolle spiele. Manche Autoren haben die Stierleidenschaft auf den Mithra-Kult zurückzuführen versucht, der zur Zeit der römischen Besatzung in Nîmes, Arles, Saintes Maries de la Mer, Saint Rémy de Provence und vielen anderen Orten des Deltas in voller Blüte stand. Andere Schriftsteller leiten die "Course libre" von der spanischen Corrida ab und glauben, im provenzalischen Menschen maurisches Blut (also Stierkämpferblut) ausmachen zu können. Dritte sehen die Stierpassion als ein hellenisches Bluterbe an und führen die "Course" auf die kretischen Stierspiele zurück.

Ich glaube – nach eingehendem Quellenstudium –, daß der Ursprung des provenzalischen Stierkultes ganz einfach in der Tatsache zu suchen ist, daß es in der Camargue seit jeher Stiere gibt, und zwar so viele, daß der Mensch sie nie übersehen konnte. Gewiß pfropfte sich dann hierauf die Stier- und Stierkampf-Symbolik, die einst anscheinend ganz Eurasien umwoben hat und mit dem Aussterben des Urrindes in Vergessenheit geriet. Bündiger zu beantworten, als die Frage, weshalb die Stiere den Provenzalen passionieren, wäre somit jene andere: Wann und warum die Rinder allen übrigen Völkern gleichgültig geworden sind.

Wie dem auch sei: Kampfspiele organisieren die Bewohner des Rhônedeltas, von einigen frühen Ausnahmen (Stiere gegen Löwen, Gladiatoren, andere Stiere) abgesehen, erst seit verhältnismäßig kurzer Zeit; nämlich etwa seit der Mitte des achtzehnten Jahrhunderts. Bis kurz vor dem zweiten Weltkrieg wurden dazu Karren und Wagen, Fässer und Leitern so auf dem Dorfplatz zusammengeschoben und ineinander verschachtelt, daß eine Art Rund oder Arena entstand. Der Manadier und die Gardians begleiteten darauf jeweils am Morgen des Festtages die zwischen sich eingekeilten Stiere im Galopp in dieses Do-it-yourself-Theater und schlossen sie in einem eigens hierfür angelegten Pferch ein, dem Vorgänger des heutigen Stierstalles. Am Nachmittag wurden die Rinder dann einzeln in das Wagenrund geschickt, wo sich die Dorfjugend mit ihnen messen und versuchen durfte, die prämierten Wollzöttelchen und Cocarden abzureißen. Um die letzte Jahrhundertwende wurde – besonders im Languedoc, das heißt im Küstengebiet zwischen der Camargue und der Stadt Perpignan – die "Capea" Mode, ein der spanischen Corrida nachempfundener, jedoch unblutig verlaufender Stierkampf professioneller Toreros mit mehr oder weniger reinrassigen Camargue-Stieren. Nicht selten behauptete sich damals derselbe Stier an einem Sonntag in einer solchen "Capea" und vierzehn Tage später in einer echten "Course libre".

Fest steht auf jeden Fall, daß sich der Provenzale seit jeher den Rindern zu sehr verbunden fühlt, um sie in der Arena töten zu lassen. Tatsächlich sucht er weder für die Razeteurs, noch für die berühmtesten Matadore einen oft sehr teuren Stehplatz in der Arena auf. Ihn interessieren vor allem die Stiere, die Zucht, aus der sie stammen, das Blut, das sie besitzen. – Werden etwa in Spanien oder Südamerika die Namen der Toreros auf den Stierkampfplakaten noch immer groß- und fettgedruckt, so haben die Typographen Südfrankreichs endlich begriffen, daß man hier besser den Namen der Stierzucht herausstreicht. Reden die Spanier über El Cordobès, Dominguin und Manolete, so tauschen die Provenzalen hauptsächlich ihr Wissen über die Herden aus und flüstern über Muiras, Guardiolas oder – hinsichtlich einer "Course libre" – über die Manade Blattière, Laffont oder Raynaud. Während der Stierkämpfe selbst jubeln sie deshalb kaum je dem Razeteur oder Torero zu, der Kunstgriffe oder sich am mutigsten zeigt. Ihr Applaus gilt höchstens dem, der die Stiere dazu bringt, sämtliche Gaben: den Mut, die Gewandtheit, die Ausdauer und die Intelligenz dem Publikum zu offenbaren. Der höchste Augenblick einer Course ist so nicht etwa der, in dem der Razeteur die Cocarde erobert, sondern der, in dem der Stier, hinter einem Razeteur her, auf die Barriere zurast, um, mit dem Schädel, dem Hals und oft sogar den Vorderläufen über die Schranke wegsetzend, den entkommenden Mann doch noch zu erreichen. Die Feuerwehrkapelle schmettert hierauf ein Stück aus Bizet's "Carmen", das in erster Linie dem Stier und erst darauf auch dem Razeteur gilt. Am nächsten Morgen machen die Zeitungen dann mit der Anzahl der Carmen-Stücke, der "Coups de Barrière" auf, und die kleinen und weniger kleinen Provenzalen kleben sich das Bild eines neuen "Stiers des Tages" über ihr Bett. Noch heute ist so "lou Paré" – ein Stier, der zwischen 1889 und 1915 lebte – bekannter als die Stierkämpfer, mit denen er sich maß: Brésillon oder l'Embut oder Giotti Lieutard, den er am 2. Mai 1897 in der Arena von Arles tödlich verletzte. Andere legendäre Kampfstiere waren "lou Prouvenço" aus der Zucht des Marquis de Baroncelli, "lou Senglié" (1916–23. 10. 1933) der Manade Granon, "le Clairon" (1920–1941), ebenfalls aus der Herde Granon, dem in Beaucaire ein Denkmal errichtet wurde, und "Vovo" (1944–1959) aus der Manade Aubanel, den ich selber noch gesehen habe, wenn leider auch nur auf der Weide.

Restlos rationell ist die Stierkampfleidenschaft der Provenzalen ebensowenig zu erklären, wie die Mehrzahl der "psychologischen Deutungsversuche" restlos befriedigt. Letztlich muß man wohl selbst lange in einem Stierzuchtgebiet gelebt haben, bevor man auch nur daran denken kann, etwas davon verstehen zu wollen, denn mit dem üblicherweise angeführten "Panem-et-Circenses-Zug" der Massen hat die Stierleidenschaft ebensowenig zu tun, wie mit dem von Psychologen festgestellten Drang, die eigene Aggressivität als Voyeur an einem "Sündenbock" abreagieren zu wollen. Spricht man einen Gardian oder Manadier auf seine Passion an, so verweist dieser meistens auf die "Fé", ohne sich darüber weiter auszulassen. Die "Fé", das habe ich im Laufe der Jahre trotzdem herausgebracht, ist oberflächlich betrachtet nichts anderes, als der Glaube, daß die Existenz der Stiere im Delta einem "höheren Zweck" diene – welchem wird nicht verraten. Gründlicher unter die Lupe genommen, erweist sie sich schließlich jedoch als die Leidenschaft, unmittelbar mit dem Leben, mit dem noch unverfälschten, nicht domestizierten, ursprünglichen Lebendigen umzugehen und so – ob im Sattel, oder zu Fuß in der Arena – am Gesamtdasein

teilzunehmen. Man könnte die "Fé" auch als "pantheistisches Betroffensein" umschreiben, als den Glauben an die Erfahrbarkeit der Einheit alles Lebens durch aktive Teilnahme. Der schwarze Stier in der Arena wird zu einem Vertreter alles Unbewußten (Animalischen) in der Natur und in uns selbst, mit dem sich der weißgekleidete Razeteur, als Darsteller des Bewußtseins (Menschenwitzes), durch Angriffe, Finten, Rückzüge, Sprünge und Flucht derart auseinandersetzt, daß das Zusammenspiel von Schwarz und Weiß ein harmonisches Ganzes, ein Spiegelbild sowohl der "heilen Welt" wie auch des in sich ausgeglichenen Menschen erzeugt. Zwar kämpft in der spanischen Corrida ebenfalls der Menschengeist gegen den Tierinstinkt. Doch haben sich hier – wohl christliche – Werturteile eingeschlichen: der Matador trägt "das Kleid des Lichts" und den "Degen der Wahrheit". Der Stier wird als die Verkörperung des Bösen, Triebhaften betrachtet. Der Torero unterwirft ihn zur Ehre der unbefleckten heiligen Jungfrau etc. Die Provenzalen, die heute die Ränge der Arenen füllen, selbst wenn eine spanische, blutige Corrida auf dem Programm steht, sind sich ihrer südfranzösischen Auffassung vom Spiel indessen so sicher, daß sie endlich sogar den Tod ihres Helden akzeptieren können: als eine Mahnung an das Ziel und Ende selbst des harmonischen, ausgeglichensten Lebens – niemals jedoch, wie der Spanier, als ein Triumph der weißen Seite über die schwarze. Der Spanier ist Christ und daher Stiertöter; der Provenzale zutiefst Heide (Pantheist) und damit Vergötterer des Lebens.
Heute findet die "Course libre" meistens in einer festen Dorfarena statt, einem kleineren oder größeren Rund oder Oval, das den römischen Arenen von Arles oder Nîmes nachempfunden, jedoch aus Beton oder schweren Holz- und Eisenkonstruktionen erstellt ist. Einige Manadiers lassen ihre Tiere zwar auch in ambulanten, zirkusähnlich auf- und abbaubaren Arenen weit außerhalb der Camargue auftreten; doch die Herdenkonkurrenzen und die wichtigsten "Courses" – die "Cocarde d'or" beispielsweise, bei der die jahresbeste Herde und der jahresbeste Razeteur ermittelt wird – werden stets in festen Arenen abgehalten.
Zum Auftakt der Course spielt jeweils die Kapelle der lokalen Feuerwehr die "Marseillaise", die französische Nationalhymne, oft hinreißend falsch. Das Publikum hört sie sich fröhlich lachend und klatschend an, während unten, im Rund, die weißgekleideten Razeteurs ihre strategischen Posten hinter der rotgestrichenen Barriere beziehen. Nun erklingt ein Fanfarenstoß, die Türe des Stierstalles wird aufgerissen, der erste Bulle stürmt einmal, zweimal rund um die Arena, um sich den Standort auszuwählen, den er darauf verteidigen wird. Ein zweites Fanfarensignal ist das Zeichen für die acht bis fünfzehn Razeteurs, über die Barriere zu flanken und während genau fünfzehn Minuten im Vorbeilaufen zu versuchen, mit dem kurzen, eisernen Rechen einen Glan (das an jedem Horn angebundene weiße Wollzöttelchen) oder die Cocarde (ein mitten zwischen den Hörnern festgemachtes rotes Seidenschleifchen) abzureißen. Auf die Glans hat

die Jury beispielsweise je zehn Franken ausgesetzt; auf die Cocarde zwanzig. Je schwieriger es wird, an den Stier heranzukommen, desto höher klettert der Wert der einzelnen Trophäen. Grosso modo gibt es drei Strategien, um nahe genug an den Stier heranzugelangen:

1. Der Razeteur läuft in einem spitzen Winkel knapp am Schädel des Stieres vorbei. Das Tier verfolgt ihn augenblicklich, wobei er sich so weit einholen läßt, daß er mit der einen Hand hinter sich greifen und aufs Geratewohl eine Trophäe zu erwischen versuchen kann. Diese Methode eignet sich vor allem für wenig gefährliche oder langsame Stiere.
2. Der Razeteur greift in einem mehr oder weniger rechten Winkel an und versucht beim Kreuzen vor dem Stierschädel die Trophäe zu erlangen.
3. Der Razeteur provoziert einen Angriff des Stieres und versucht, die Trophäe in dem Augenblick zu pflücken, in dem er zur Seite satzt.

Oft arbeiten heute zwei oder mehrere Razeteure zusammen: der eine greift von links hinten an und lockt so den Stier mit sich auf eine Bahn, an der sich der zweite aufgestellt hat, um die Trophäe seinerseits in einer der drei beschriebenen Weisen zu holen. Manchmal bezahlen mehrere Stierkämpfer einen alternden Kollegen, der für sie die Aufmerksamkeit der Stiere auf sich lenkt, um ihnen so günstige Positionen für den Angriff zu schaffen. Verteidigt der Stier seine Trophäen so geschickt, daß er nach Ablauf der fünfzehn Minuten die eine oder andere oder alle drei mit in den Stierstall zurückbringt, so stehen die auf sie ausgesetzten Preise dem Stierbesitzer zu.

Früher und teils bis vor kurzem setzte die Jury jeweils nur geringe Preise auf die Trophäen aus. An den Dörflern war es dann, diese durch Naturalien oder Geld allmählich zu erhöhen. Abends kam damals mancher Amateur-Kämpfer mit einem oder zwei Franken nach Hause, drei Flaschen Wein, einer Flasche Öl, einer Hartwurst und zwei Kilo Oliven oder mit einem Paar neuer Leinenpantoffeln, einem Fahrradschlauch und fünf Zinnlöffeln. Heute verdient ein geschickter Razeteur während der Hochsaison oft 2 000 bis 2 500 Franken im Monat, muß dabei aber stets damit rechnen, zwei der vier Saisonmonate im Krankenhaus zu verbringen. Die Manadiers kommen während derselben Zeit auf ungefähr die gleichen Summen, müssen dafür jedoch mindestens zweimal wöchentlich je sechs Stiere laufen lassen. Je nachdrücklicher die Tiere ihre Trophäen verteidigen, desto häufiger gelangt der Name der Herde in die Zeitungen und desto gefragter sind ihre "Courses". Bringt ein Manadier in seiner Herde nicht mindestens vierundzwanzig mittelmäßige bis gute Cocardiers zusammen, so wird er von ihren Gewinnen oder Leihgebühren kaum die Weidepacht bezahlen können, denn mit vierundzwanzig – viermal sechs Stieren pro Course – wird er höchstens insgesamt vierundzwanzig Kampftage bestreiten können.

Oft kommt es nach dem Ablauf der fünfzehn Minuten Kampfzeit vor, daß der Stier – absichtlich oder nicht – die wiedergeöffnete Türe zum Stierstall ignoriert und das Rund so scheinbar nicht mehr verlassen will. Für diesen gar nicht etwa seltenen Fall haben die Gardians den Simbèu, den Wegweiser der Herde, mitgebracht, schicken ihn nun in die Arena und hoffen, er bringe den Kampfstier mit sich zurück. Meistens löst der "Dompteur" seine Aufgabe anstandslos. Hin und wieder aber scheint er sich für seinen Herdengenossen so sehr verantwortlich zu fühlen, daß er diesen zwar in den Stierstall drängt, nun aber selber die Wacht vor der Türe übernimmt. Die Dörfler auf den Rängen haben hierauf bloß gewartet und fordern den Gardian nun mit allerlei Späßen und dem traditionellen Ruf heraus: "Eeeii Mathieu, au ferre, au ferre!" Der Gardian läßt sich eine oder zwei Minuten lang bitten. Dann kriecht er, scheinbar urplötzlich grimmig entschlossen, vom Gerüst über dem Stierstall herab, packt seinen Trident, schwingt sich über die Brüstung in den Ring und ruft den Simbèu an: "Hoho, Cailaren, ohoo!" Oft reicht sein Auftauchen aus, um den Stier in den Stall verschwinden zu lassen. Von Zeit zu Zeit jedoch greift dieser stattdessen an. Allein und zu Fuß ist ein anbrausender Stier mit dem Trident nicht aufzuhalten. Der Hirte flieht deshalb vorerst einmal über die Brüstung und redet von der Contre-Pisteaus dem Bullen oder Ochsen begütigend zu. Fruchtet alles nichts, so werden er und einer seiner Kollegen die Piste wieder betreten und versuchen müssen, den neuen Angriff des Stieres mit vereinten Kräften und einem oder zwei Tridents aufzuhalten. Sind beide Männer erfahrene Gardians, so können sie sich behaupten. Wehe jedoch beiden, so einer im letzten Augenblick die Nerven verliert oder mit seiner Tridentspitze die Stiernüstern verfehlt! – In der Regel genügt eine einzige "attente", ein solcher Angriff durch Abwehr seitens der Männer, und der Bulle kehrt in den Stierstall zurück. Nur hin und wieder werden zwei oder drei notwendig. Das Publikum läßt dabei die Gardians hochleben und setzt ihnen oft sogar Preise aus. – Fünf Minuten später erklingt das dritte Fanfarensignal des Nachmittags und der zweite Stier prescht in die Arena.

Sind alle sechs Bullen gelaufen, so werden sie mit dem Simbèu zusammen erneut auf den Lastwagen getrieben, eingeschlossen, angebunden und auf die Weide zurückgefahren – wenn nicht eine "Bandido" stattfindet, das Gegenteil der Abrivado, das heißt die Überführung der Kampfstiere auf die Weide im lebenden Dreieck aus Gardians und ihren Pferden.

Seit sich auch die Camargue-Touristen für die Stiere zu begeistern begonnen haben, finden im Sommer hin und wieder nächtliche "Courses emboulées" bei Scheinwerferlicht statt. Dazu bringt der Manadier meistens seine zweite oder dritte Stiergarnitur in die Arena, oft auch Jungkühe ("Course de vachettes") oder Jungbullen, die er zum ersten Mal dem Fußgänger gegenüber ausprobieren will. Die Hornspitzen sämtlicher Tiere werden mit aufschraubbaren Messingkugeln oder dicken Ledermanschetten entschärft; ist an diesem Abend doch schlechthin jedermann eingeladen, seine Nerven auf die Probe zu stellen. Wie beim Kampf mit haupt- oder halbberuflichen Razeteurs, bleibt jedes Rind genau fünfzehn Minuten lang im Rund. Die Jury setzt nun jedoch nicht Preise auf Glans und Cocarden aus, sondern sichert etwa demjenigen drei Franken zu, der genügend Mut aufbringt, bewegungslos auf einem Stuhl in der Mitte der Arena stehend den ersten Ansturm des eben aus dem Toril, dem Stierstall, schießenden Jungbullens abzuwarten. In der Regel rast dabei das Rind, wie vom Leibhaftigen geritten, geradenwegs auf den Stuhl oder Hocker und die "lebende Statue" zu, um zwanzig Zentimeter davor plötzlich die Vorderläufe in den Sand zu stemmen und sich nach links oder rechts herumzuwerfen. Manchmal allerdings wirft es auch den Sockel mit dem Burschen darauf ganz einfach in die Luft, was glücklicherweise nur selten ernste Folgen für den "Stierkämpfer" hat. – Oder es sind drei Runden auf einem Fahrrad, ohne abzusteigen oder den Boden auch nur mit dem Fuß zu berühren, rund um den Jungstier zu drehen, was ebenfalls immer wieder zu lustigen Situationen führt. Oder die Arena ist in Anwesenheit des Stieres in einem Sack zu durchhüpfen. Oder in der Pistenmitte wurde aus Strohballen und einer großen Plane ein Schwimmbad aufgebaut und bis zum Rand mit Wasser gefüllt. Die Dörfler versuchen nun, das Rind so zu provozieren, daß es ihnen in das Schwimmbad (meistens 1,50 m auf 2 m) nachspringt. Bevor gewisse Leute das amerikanische Rodeo in die Camargue importierten, stürzten sich während der nächtlichen Courses einige besonders kühne Burschen oft auf ein Zeichen hin zu dritt oder zu viert auf ein Rind, hielten es an den Hörnern und am Schwanz fest, legten ihm einen Gürtel oder Strick um die Brust, und der mutigste versuchte darauf, den Stier mindestens eine Minute lang zu reiten.

Die nächtlichen Courses werden hin und wieder als Tierquälerei angegriffen; das sind sie jedoch kaum. In der Regel passiert dem Jungstier dabei nichts; jedenfalls wesentlich weniger, als den oft tollkühnen Dörflern. Aber schon manche Razeteur-Karriere hat sich bei solchen Spielen abzuzeichnen begonnen. Bernard Féraud, eines der gegenwärtigen Asse unter den Razeteurs, übte beispielsweise schon als Vierzehnjähriger jeden Samstagabend anläßlich solcher "Courses emboulées", wenn ihm sein Vater damals auch vor dem Publikum in der Arena jeden gewonnenen Franken mit einer Maulschelle quittierte. Zudem kommen diese Spiele vor allem jenen Manadiers zugute, die sich in einer Pechsträhne befinden und somit an den einträglichen "Concours de Manades", den Herdenkonkurrenzen, mangels Spitzencocardiers nur selten teilnehmen können. Als dritter Pluspunkt muß schließlich gewertet werden, daß die Jungbullen bei der nächtlichen Course nicht nur ihre Kampflust beweisen, vielmehr auch entwickeln und ihre Angriffe wirksamer zu gestalten lernen können.

Nun werde ich wohl oder übel die Frage zu beantworten haben, ob der Stierkult, die "Fé", die Stierspiele und der Stierkampf nicht letztlich doch nur ein Überbleibsel aus einer barbarischen Zeit seien und demzufolge dem aufgeklärten Menschen eigentlich erspart werden müßten. Ich bin nicht dieser Ansicht, denn

1. liegt die barbarische Zeit noch lange nicht hinter uns;
2. gibt es auch im modernen Menschen psychische Bereiche, die alles andere, als "aufgeklärt" sind und somit von gewissen Seiten des provenzalischen Stierkults durchaus noch profitieren können;
3. ist der Umgang mit den Stieren in der Camargue eine Kunst, in deren Schule schon manch einer einfacher, bescheidener, ehrlicher – das heißt letztlich: menschlicher geworden ist.

Fest steht auf jeden Fall, daß dem Stier in keiner Course – libre oder emboulée – mehr zugemutet oder abverlangt wird als dem Vollblüter an einem Rennsonntag, dem Warmblüter an einem Springturnier mit Stechen oder dem Laufhund bei der Hasenjagd.

Die Camargue gestern, heute und morgen

Einst bevölkerten vielhundertköpfige Stierherden die Camargue bis nahe vor die Tore Arles', Aigues-Mortes' und Fos'-sur-Mer. Kein Zaun hielt sie gefangen. Auf ihren Wanderungen aus der Crau auf die Insel oder von der Insel in die Kleine Camargue, kurz, von den Sommerweiden zu den Winterweiden und zurück, durchschwammen sie regelmäßig mindestens einen Rhônearm: ein Reiter öffnete den Weg, drei andere hielten sie flankiert und trieben sie vorwärts, und der Strom hatte, war das gegenseitige Ufer erreicht, zehn, zwanzig schwächliche Tiere auf die natürlichste Art und Weise ausgewählt, aus dem Herdenverband gelöst und mit sich fortgerissen. – Waren die neuen Weidegründe erreicht, so verabschiedeten sich die Treiber, und der Stierhirte blieb für Monate allein mit seiner Herde. Tag für Tag saß er von früh bis spät im Sattel. Morgens lockte er die Tiere aus dem Röhricht, in dem sie übernachtet hatten, auf die hohen Böden oder die Steppe hinaus, zählte und überzählte sie wieder und wieder, suchte fehlende Tiere, trieb sie zu den anderen zurück. Um die Mittagszeit stieg er kurz vom Pferd, verdrückte eilig etwas kalten Hasenbraten oder ein paar Feigen und Nüsse. Dann war eine Rindergruppe daran zu hindern, den Kanal im Westen zu durchwaten, um zwischen die Reben des Nachbarn zu entkommen. Gegen zwei Uhr legten sich die Tiere in den Windschatten zum Wiederkäuen oder in die Sonne zum Schlafen. Der Gardian wachte von weitem über sie "à bâton planté", regungslos im Sattel thronend, auf den Trident gestützt. Gegen Abend verdoppelte der Mistral seine Kraft und tobte immer kälter aus dem Norden. Die Rinder suchten unruhig wieder und wieder andere, noch geschütztere Stellen zwischen den Tamarisken, dem Schilfmeer und dem Piniengehölz. Die Nacht war in der Regel bereits hereingebrochen, wenn der Gardian endlich bei seiner Hütte anlangte.

Draußen, das wußte er, würden sich die Tiere weiter stundenlang nach Wind-

schutz umsehen. Gegen zehn Uhr, bei klarstem Vollmondlicht, würden sie sich schließlich Leib an Leib, die Hornpaare nach außen gefällt, zu lebendigen Ringmauern zusammendrängen, deren Mitten wenigstens den Kälbern etwas Windschatten und somit Wärmeähnliches vermitteln konnten. Und die ganze Nacht über würde kein Stier und keine Kuh auch nur ein Auge schließen, weder weiden, noch wiederkäuen, und am Morgen hätte selbst er, der Gardian, höllisch aufzupassen, daß ihn die überreizten Tiere nicht kurzerhand angriffen. Gewiß schützte das Röhricht, hier auf der Winterweide bei Vauvert, normalerweise wirksamer vor der Kälte, als es die Tamarisken auf der Sommerweide des Pèbre je vermochten. Diese Nacht jedoch blies der Mistral so spitz, daß die Stiere ihr Heil allein im "lebenden Ring" sahen, der mitten im Schilf kaum anzulegen war. Und wenn ich ihn sprengte? , fragte sich der Gardian um Mitternacht schlaflos auf seiner Strohmatratze. Wenn ich die Tiere doch noch ins Schilfmeer triebe? – Die Kälber wären dort nicht weniger geschützt, und die Stiere und Kühe fänden endlich Ruhe.
Er schälte sich aus den Decken, versuchte kurz vergeblich, dem bißchen Glut im Kamin Wärme zu entlocken, schlüpfte in die Hose, die Stiefel, zog zwei Pullover und die Schaffelljacke über, trat, den Sattel und das Zaumzeug auf dem Rücken, in die mondweiße, klare Kälte hinaus. Der Schimmel hatte längst auch seinerseits vom Weiden abgelassen und sich zwischen einige Tamarisken verkrochen, wo er, die Kruppe dem Mistral zugewandt, von einem Huf auf den anderen trat. Abschnaubend kam er angetrottet, sowie er den Gardian seinen Namen rufen hörte. – Nun strebten sie in kurzem Trab zwischen den Tamariskengruppen hindurch, die rund um die Hütte standen, hinaus auf die Steppe, wo die Rinder immer grimmiger den Sturmböen mit ihren breiten Stirnen wehrten. Der Gardian rief den Simbèu an, lockte ihn hinter sich her in Richtung Röhricht: der tiefschwarze Leiberring schweißte sich nur um so fester zusammen. Der Gardian versuchte ihn, von der anderen Seite herkommend, geschlossen wegzutreiben: wieder ergebnislos. Die Rinder brüllten zwar in den Sturm, rührten jedoch keine Klaue. Der Hirte ließ nicht locker, obwohl er längst weder seine Füße in den Gummistiefeln, noch seine Finger fühlte und am ganzen Körper vor Kälte bebte. Zum Teufel! knurrte er gegen ein Uhr früh, wendete sein Pferd, um unverrichteterdinge zur Hütte zurückzukehren. Aber schon auf halbem Weg besann er sich wieder anders, trabte zu den Rindern zurück und trieb sie, gegen zwei Uhr morgens, endlich doch noch ins Schilf. – Wie er, ritten in dieser ersten frostigen Winternacht allüberall Gardians noch einmal zu ihren Herden hinaus, um sie, wenn nötig, aus der Starre zu lösen, die den Tod vieler Tiere hätte zur Folge haben können. Der Manadier erfuhr kaum je davon. Er lag im Bett in seinem Gehöft, und weckte ihn der Mistral einmal kurz auf, so schweiften seine Gedanken zwar wohl auch zu den Tieren auf der Steppe ab, doch schlief er rasch über der Gewißheit wieder ein, sich auf seinen Gardian absolut verlassen zu können. – Tatsächlich kannte der

Gardian damals – das heißt bis zum letzten Weltkrieg – nur einen einzigen Herrn: seine Herde. Nicht selten kam es zu jener Zeit noch vor, daß ein Manadier einen alternden Gardian entweder entlassen oder mindestens ins Gehöft zurückbeordern wollte, worauf sich der betreffende Hirte als erste und letzte Gunst in seinem Leben auserbat, ohne Lohn oder sonstige Vergünstigung, oft sogar ohne Pferd, nur um jeden Preis weiter bei seinen Rindern bleiben zu dürfen. Am Ende der Fünfzigerjahre habe ich einmal einen solchen Gardian sich zu Fuß zwischen den Leibern einer dichtgeballten Herde Gekreuzter Spanier hindurchdrängen sehen, und mir war es dabei heiß und kalt über den Rücken geronnen. Vergnügt ruderte er mit den Armen, rief jeden Stier und jede Kuh mit dem Namen an, stieß hier einen Jungbullen mit der Faust weg, tätschelte dort einer Kuh die Kruppe, und nicht ein Tier machte Miene, ihn anzugreifen. – Ein anderer alter Gardian, den ich einmal vor Weihnachten fragte, was ich ihm schenken könne, blickte mir lange, wie abwesend, in die Augen und durch diese hindurch und meinte schließlich achselzuckend: "Ich möchte noch einmal zum Pèbre reiten, wo ich zwanzig Jahre lang die Herde Durands gehütet habe!" Nur wenige Monate später starb er – im Armenhaus der Stadt Arles.

Dieser Gardian, in jungen Jahren ein toller Bursche, hatte einst die Bekanntschaft einer jungen adeligen Dame gemacht, die sich in ihn verliebte. Er erklärte ihr zwar ausführlich, daß das Leben in einer Cabane draußen, mitten zwischen den Sümpfen, alles andere als abwechslungsreich und hinsichtlich der Behaglichkeit keineswegs mit dem Leben auf dem Schloß ihres Vaters zu vergleichen sei; sie wollte ihn dennoch heiraten, und ihm war es damit recht. Nach der Trauung hob der Hirte seine Frau auf die Kruppe seines Pferdes hinter den Sattel, und ab ging es, quer über die Steppe, durch die Sümpfe und einen kleinen Salzsee entlang zur Hütte auf der Weide. Zwei Tage lang vernachlässigte der Gardian seine Herde. Am dritten schwang er sich vor Sonnenaufgang auf seinen Schimmel und kehrte erst nach Sonnenuntergang wieder zurück. Schließlich war die Herde wieder beisammen und weidete nicht weit von der Hütte entfernt am Ufer des Vaccarès. Von nun an pfiff der Hirte von früh bis spät im Sattel vor sich hin. Seine junge Frau begegnete inzwischen beim Wasserholen einem Stier und schloß sich in Panik den ganzen übrigen Tag in der Cabane ein. Zwei Tage später wurde sie beim Aufhängen der Wäsche zwischen den Tamarisken derart von Arabis (Stechfliegen) zerstochen, daß sie drei Tage lang mit hohem Fieber das Bett hüten mußte. Kaum wiederhergestellt, wollte sie auf dem zweiten Pferd ihres Mannes ins Dorf reiten um einzukaufen und wurde, gleich beim Aufsitzen, so unglücklich abgeworfen, daß sie sich erneut hinzulegen hatte... Als der Gardian in der vierten Flitterwoche von einer zweitägigen Suche ausgerissener Stiere zurückkehrte, fand er einen Brief auf dem Tisch der Hütte vor, aus dem hervorging, daß seine Frau auf ihr Schloß zurückgekehrt war. – Von da an haben sich die beiden nie wiedergesehen, schrieben sich aber

zu jedem Neujahrstag einen langen, langen Brief, verstanden sich so glänzend und waren noch verheiratet, als der Gardian starb.
Heute heiraten die Gardians in derselben Proportion, wie die Vertreter aller anderen landwirtschaftlichen Berufe. Das Wächteramt draußen, auf den Weiden, versehen Stacheldrahtzäune. Die Gardianhütten zerfallen. Die Weidenwechsel vollziehen die Stiere nun in speziell ausgerüsteten Lastwagen. Die Veränderung der Lebensbedingungen des Gardians seit dem Zweiten Weltkrieg stellt eindeutig einen Fortschritt dar, der schon Jahrzehnte zuvor fällig war, aber nie kam, weil sich lange noch genügend Individualisten bereitfanden, in der bisher üblichen Weise fortzufahren. Auf der anderen Seite hat die "Zivilisierung" der Camargue auch eine Unmenge Neuerungen gebracht, mit denen sie nicht fertig wird. Heute ist beispielsweise der Zutritt zu unzähligen Weideenden, Passagen, Kanaldämmen, Wegen und Durchlässen nur verboten, weil sich eine große Zahl Leute aus dem Norden hier eingekauft hat, die weder die alten Wegrechte kennt, noch sie zu respektieren bereit ist. Die Gardians und Wilderer, die bisher stets dieselben Pisten beschritten und beritten, stoßen sich verständlicherweise an den über Nacht unüberwindbar hingepflanzten Zäunen und reißen sie nicht selten nieder, worauf die neuen Grundbesitzer sie als Betonmauern neu errichten. Die Umgebung von Saintes Maries de la Mer und Grau du Roi wurde in den letzten Jahren mit Verbotsschildern und Warntafeln geradezu aufgeforstet, scheinbar mit nur dem Erfolg, daß die Verbote nun oft sogar absichtlich mißachtet und die Warnungen in den Wind geschlagen werden, was wiederum feste Barrieren, neue Zäune, Bußgeldwarnungen und Polizeieinsätze notwendig zu machen scheint. "La Camargue est foutu!" die Camargue ist am Ende, hieß es schon vor Jahren. Und irgendwie ist dies ebenso richtig wie falsch. Die Dörfler, die sich am Anfang der Sechzigerjahre vergnügt die Hände rieben, weil sie ein Stück miesen Bodens zu Höchstpreisen an Fremde verhökert hatten, zürnen heute diesen Fremden, denn die Baulandpreise sind inzwischen um das Dreifache gestiegen, und kein Dörfler besitzt mehr Boden genug, um vom eigentlichen Boom zu profitieren. Deshalb versucht er heute gekränkt, egal was zu Wucherpreisen loszuwerden: die Aussicht durch sein Wohnzimmerfenster auf das Meer oder die Steppe, die Muscheln, die er am Strand eingesammelt und mit der Aufschrift "Les Saintes Maries de la Mer" versehen, die Schwemmholzteile, die er getrocknet und lackiert, die Stierklauen und Stierhörner, die er auf der Steppe gefunden oder von einem Metzger erbettelt hat, selbst seine Kenntnisse der unmittelbaren Umgebung des Dorfes, zu welcher der "Zugang verboten" ist.
Es ist eine Tragödie des Tourismus, daß die Fremden die Landschaften, deretwegen sie überhaupt erst herkommen, verbrauchen und verschandeln und die Menschen, bei denen sie sich dabei einquartieren, vergattern und korrumpieren. "Was geht es mich an, daß ich einen Haufen Papier, Konservenbüchsen, Plastikartikel aller Art, verrostetes Autozubehör und einen zerrissenen Schlafsack in

der nächsten Roubine oder neben meinem ehemaligen Zeltplatz zurücklasse! Ich habe die Camargue gesehen und komme so schnell nicht wieder!" – so scheint wenigstens die Mehrzahl der im Sommer auf dem Strand campierenden Touristen zu denken und sich nicht vorstellen zu können, daß die Winterstürme ihren "Kulturabfall" über die ganze Tiefcamargue verteilen, wo er überall Rindern und Pferden und anderem Getier gefährlich werden kann. Als die Reisebüros die Camargue entdeckten, kurbelten sie phantastische Werbekampagnen an, und die Pferdevermieter erhielten ungefragt ansehnliche Summen dafür, daß sich ihre Promenadenführer auf ihren Pferden ein Dutzend Mal photographieren ließen. Heute sind Photoreportagen in der Tiefcamargue nur noch gegen Bezahlung zu machen, und handele es sich dabei auch um eine jener unzähligen, schönfärbenden Fernsehsendungen, die mehr verschleiern, als aufdecken.

La Camargue est foutu!

Während meines letzten Gardian-Sommers wurde ich einmal zu einer Ferrade in eine der bekanntesten Herden "gekreuzter Spanier" eingeladen. Ich gab mich keineswegs der Illusion hin, das Brennen der Jungrinder werde sich hier, wie einst, allein im Beisein des Manadiers, seiner Freunde, der Gardians und einiger Dörfler abwickeln, war inzwischen doch der Verkauf der Ferraden an die Reisegesellschaften längst im ganzen Delta üblich geworden, ja sogar bei Herdenbesitzern, die auf Notgroschen nicht unbedingt angewiesen waren. So sattelte ich meinen Dur mit gemischten Gefühlen und erreichte die betreffende Besitzung etwa vier Stunden später im Schritt. Alles schien bereits großartig zur Ferrade vorbereitet: das Feuer loderte, vom Baile-Gardian beaufsichtigt, auf einem freien Platz, der mit einem Lattenzaun eingefriedet war, wohl um die zahlenden Zaungäste durch die Jungstiere nicht in Gefahr bringen zu lassen. Die einzige Öffnung des Pferchs war das breite Tor, das ihn mit der Stierkoppel verband. Als ich auf diese zuritt, wunderte ich mich: von der Herde war weit und breit keine Spur zu sehen... Oder doch! Am anderen Weidenende machte ich sechs Jährlinge aus, die, bereits ausgesondert, wohl nur auf den Brand warteten. – Punkt halbelf Uhr kurvten drei riesige Busse auf den Platz jenseits der Umfriedung, die ich mit Dur und einigen Gardians inzwischen betreten hatte. Auf ein Zeichen des "Baile" hin, schwangen wir uns in die Sättel. Wir waren rund ein Dutzend Reiter, die wir nun im Schritt der Stierkoppel zustrebten. Kurz bevor wir das Tor erreichten, erklang vom Zuschauerplatz her ein Fanfarenstoß. Meine Kollegen warfen augenblicklich ihre Pferde herum. Ich tat es ihnen nach. Seite an Seite preschten wir in voller Karriere geradenwegs auf die Zuschauer zu, um nur einen Meter vor dem Lattenzaun zum Halten durchzuparieren. Wer unter den Busreisenden nicht noch mit der Kamera beschäftigt war, rührte sogleich brav die Hände zum Applaus. Wir kehrten um und trabten erneut der Stierkoppel zu. Zwölf Reiter, ging es mir durch den Kopf, um sechs magere Jährlinge, die zudem bereits ausgesondert sind, nach-

einander zu markieren! Ich atmete auf, als mir einfiel, daß weder Jan, noch Fernand, noch Justin, noch Jean-Louis mich hier erwischen konnten.
Die sechs Jungrinder rissen aus, sowie sie uns in ihre Richtung einschwenken sahen. Der Chef unserer Gruppe wies auf den uns nächsten Jährling, und wir galoppierten an, ohne daß ein Grund hierfür bestand. In Sekunden war das Jungtier isoliert und zwischen uns eingekeilt, und weiter ging es, im Galopp durch das Koppeltor zum Feuer hinüber. Ich bückte mich eben, um den Jährling beim Schwanz zu packen, als ich auf seiner Hinterbacke das Herdenzeichen gewahrte. "Stop!" rief ich, "il est déjà marqué", – "der ist ja bereits markiert!" Der Gruppenchef wandte sich zu mir um und zischte: "la ferme!" – "Maul zu!" Beim Feuer ging der Jungbulle in die Knie, sowie er eine Tridentspitze auf seiner Kruppe fühlte. Drei Junggardians sprangen aus den Sätteln, packten ihn, schleppten ihn vollends zum Feuer, stürzten ihn um, und das glühende Brandzeichen wurde ihm so lange aufgedrückt, bis etwas Rauch für die Photos hochwallte.
Von den sechs Jährlingen, die an diesem Morgen in kaum einer halben Stunde "markiert" wurden, waren es vier bereits zuvor. Zwei Jungstiere – unseren ersten und den dritten – nannte der Gruppenchef scherzweise "les anoubles de service", – "die Jährlinge vom Dienst", weil sie heute angeblich zum vierten Mal zwar nicht wirklich gebrannt, jedoch durchaus angesengt worden waren. Hierauf angesprochen erklärte mir der Gardian, der mich eingeladen und die Jungrinder markiert hatte: "Klar, das ist eine Schweinerei! Doch woher sollen wir genügend Jährlinge nehmen, um jeden Sonntag und oft noch während der Woche je eine echte Ferrade auf Bestellung stattfinden zu lassen? "
Auf dem Heimritt an diesem Sonntag war ich zum ersten Mal ebenfalls der Meinung, die Camargue sei am Ende. Der Weg führte Dur und mich an Reisfeldern vorüber, die es hier zwei Jahre zuvor noch nicht gegeben hatte. Ja, man hatte sogar Teile eines Salzsees zugeschüttet, um mehr Reisboden zu gewinnen. Ich dachte an die chemischen Produkte, die jedes Jahr tonnenweise teils als Dünger, teils als Pflanzenschutzmittel, erst über die Reisfelder gestreut und gesprüht wurden und darauf mit dem Wasserablauf in die Kanäle und die Etangs abflossen. Sie veränderten das biologische Gleichgewicht der Insel einschneidender und nachhaltiger als der gesamte Touristenstrom mit all seinen Nachlässen. Ja, die Camargue war am Ende!
Aber noch ritt ich ein unbeschlagenes Stierpferd über einen Damm, der im Auto nicht befahrbar war. Noch konnte ich diesen Weg verlassen, wann und wo immer ich es wollte. Zwar war darauf eine berüchtigte Roubine zu durchqueren, bei welchem Abenteuer ich mich allein auf mein Pferd verlassen mußte... Ich wagte es dennoch, um Dur und mir zu beweisen, daß es in der Camargue noch Camargue-Böden gab. Mein Schimmel streckte den Hals, als er begriff, daß es eine Passage durch den tückischen Morast des halbausgetrockneten Kanals zu suchen galt. Einmal setzte er den rechten Vorderhuf auf

ein rissiges Stück Roubinengrund, verlagerte sorgsam sein Gewicht, zog den Huf zurück, trottete zwei Meter weiter, probierte den Boden hier erneut, beinahe feinschmeckerisch. Erst die dritte Stelle schien ihn darauf zu befriedigen. Er hatte sie lange abgetastet und beging sie nun so forsch, als handelte es sich um eine Überlandstraße. Seine Hufe sanken zwar dennoch bis zum Kötengelenk ein, gewiß, doch der Grund darunter trug, und wir gelangten ohne Aufregung auf die Steppe hinüber. Hier röteten sich die "Salicornes", die fleischigen Salzpflanzen, die der Familie der Fettblattgewächse verwandt erscheinen, in der Sonnenglut. Vereinzelt begannen eben die "Saladelles", eine Art "Gespensterkraut", zu blühen. Mächtige Büschel spitzigen Hartgrases erinnerten an Stachelschweine, und die Tamarisken dirigierten leise eine Brise, die nicht zu spüren war. Unter den Hufen Durs schmatzte der Boden. Oft brachen wir krachend durch eine besonders dicke Salzkruste. Dann erreichten wir erneut das Ufer des Salzsees. Fünfzig Meter weiter im Südosten stelzten wohl achtzig Flamingos ruhig durch das Wasser. Silbern flimmerte die Hitze rings um uns. Weit und breit war kein Mensch auszumachen, obwohl es Sonntag war und rund um das Dorf im Süden Dutzende von Mietpferde-Karawanen Ausflügler über Land befördern mochten. Nein, sagte ich laut vor mich hin: die Camargue ist noch lange nicht am Ende. Die Weite des Deltas, die Tiefe des Himmels, die Stürme aus Nord und Süd, das Meer und das silberige Gleißen über der Steppe – *das* ist die Camargue! Sie ist die Tatsache, daß es hier noch halbwilde Pferde- und Stierherden gibt und Hirten, die affektiv die kategorische Trennung zwischen Tier und Mensch noch nicht vollzogen haben. Die Camargue ist so letztlich nicht ein Landstrich, den man verkleinern oder vergrößern kann, sondern ein "état d'âme", eine Stimmung, in der nichts geschieden, nichts vereinzelt ist, in der alles seine Existenz aus allem zu beziehen scheint. Alles bespiegelt hier alles; der Tag die Nacht, der Wind das Meer, das Salz die Pflanzen, der Stier das Pferd. Nichts ist abgetrennt zu verstehen. Der Intellekt hat sich zugunsten der bloßen, kaum reflektierbaren Teilnahme jedes an jedem zu bescheiden. Anders ist jedenfalls weder bei der Arbeit mit den Stieren, noch beim Zureiten von Junghengsten zu bestehen: Tierverhalten will nicht analysiert, sondern beantwortet werden, und zwar so unmittelbar, daß der Stier oder das Pferd die menschliche Antwort nie von seiner eigenen Aktion dissoziieren kann. Ja, das Leben in der Camargue fordert die aktive Teilnahme jedes an jedem und gaukelt einem so von Zeit zu Zeit die gute alte "heile Welt" vor... Oder *ist* die "Terro Santo" etwa die letzte noch "heile Welt"?
Unsinn! – Die Stierzucht stagniert. Die Gardians, die echten Gardians, sterben aus. Der Reis, die Obst- und Gemüse-Plantagen dringen immer weiter nach Süden vor. Im Sommer brausen Autokolonnen über den Strand bis nach Beauduc. Campingfreunde zelten zu Zehntausenden, wo immer es ihnen gerade Spaß macht... Und das alles ist wohl nur ein Anfang. Im Jahre 2 000 wird es in der Camargue keine Stierkämpfe mehr geben. Die Pferde werden nur noch ein

paar Verrückte durch eine Landschaft schaukeln, die längst gestorben ist. Und wenn je ein alter Gardian oder Manadier dann von der "Fé di biòu" berichten sollte, werden sich die Leute an die Schläfen tippen.

Aber noch gibt es Landstriche in der Camargue, besonders an den wenig spektakulären Enden der Insel, die bisher nur den Gardians und Manadiers bekannt sind, sei es, weil die Passagen, welche dorthin führen, nicht ungefährlich oder ausschließlich zu Pferd zu überwinden sind, sei es, weil sie im mit Recht streng bewachten Naturschutzgebiet liegen. Doch selbst für den Fremden gibt es auf der Insel noch eine Menge zu entdecken – versteht er sich nur zu bescheiden, hinzuhorchen und hinzusehen.

"Die Camargue ist," sagte kürzlich ein Schriftsteller, "etwas, das jeder von uns tief in sich verborgen mit herumträgt".

Verzeichnis der in der Camargue gebräuchlichsten Fachausdrücke provenzalischer, französischer und spanischer Herkunft

Abrivado (prov.)	Franz.: Arrivée – Überführung der von Reitern zusammengehaltenen Kampfstiere aus der Herde in die Arena
Acampa (prov.)	Zusammentreiben und an einem Ort Festhalten (von Stieren oder Pferden)
Afficionado (span.)	Passionierter Stierkampf-Sachverständiger
Arabis (prov.)	Millimeterlange Stechfliegen, die besonders im Frühling auftreten
Baile (-Gardian) (prov.)	wörtlich: Vertrags-Gardian, meistens: der Chefgardian
Bandido (prov.)	Überführung der durch die Reiter zusammengehaltenen Kampfstiere aus der Arena auf die Weide zurück
Biòu-major (prov.)	Leitstier der Herde
Bouveau (prov.)	eine Art Korral oder Pferch unter freiem Himmel, dient zum Verladen der Rinder oder Pferde und für kleine Stierkämpfe
Caballero (span.)	Stierkämpfer zu Pferd. In der Regel großartige Reiter
Cabane (franz.)	Schilfgedeckte, nach Norden abgerundete, typische Gardian-Hütte
Calos (prov.)	Hüterstock (nicht Trident)
Camarguais (franz.)	Camargue-Bewohner, Mensch oder Tier
Capéa (span./franz.)	Unblutig verlaufender Stierkampf portugiesischen Rituals
Caveçon (franz.)	Prov.: Cabassoun – Kappzaum zum Zureiten von Jungpferden
Cocarde (franz.)	Rotes Seidenschleifchen, das mit zwei Schnüren zwischen den Hörnern der Kampfstiere angebunden wird. Beim Stierkampf haben es die Razeteurs abzureißen
Cocardier (franz.)	Kapitaler Kampfstier in der provenzalischen Abart des Stierkampfes
Concours de Manades (franz.)	Herdenwettstreit, bei dem sich Stiere verschiedener Herden mit denselben Razeteurs messen

Corrida (span.)	Spanischer, blutig verlaufender Stierkampf (in Südfrankreich regelmäßig in Arles, Nîmes, Béziers, Narbonne und anderen Orten zu sehen)
Course emboulée (franz.)	Provenzalisches Stierspiel, zu dem jedermann zugelassen ist
Course libre (franz.)	Provenzalischer, unblutig verlaufender Stierkampf für Berufskämpfer
Course de vachettes (franz.)	Provenzalisches Stierspiel mit Jungrindern, ähnlich der Course emboulée
Croisé espagnol (franz.)	Camargue-Rind mit spanischem oder portugiesischem Blutzuschuß
Débourrage (franz.)	Das Zureiten
Desbranda (se) (prov.)	Bösartiges Bocken eines Jungpferdes
Engano (prov.)	Franz.: Angane, Anserine – Salzpflanze der Camargue
Etang (franz.)	Salzsee mit meist stehendem Gewässer
Far (prov.)	Franz.: Phare – Leuchtturm
la "Fé di biòu" (prov.)	Der "Glaube an den höheren Sinn der Stierzucht"
Ferrade (prov./franz.)	Markieren der Jungrinder oder -pferde mit dem Herdenbrandzeichen
Ferre (prov.)	Wörtlich: das Eisen; Synonym für den Trident
Gardian (prov.)	Kampfstierhirte der Camargue
Glans (Mz. franz.)	Weiße Wollzöttelchen unter jedem Horn des Kampfstieres, die der Razeteur während des Kampfes zu erobern hat
Manade (prov./franz.)	(Stier- oder Pferde-) Herde
Manadier (prov./franz.)	Herdenbesitzer
Mas (prov.)	Gehöft
Matador (span.)	(Meister-) Stierkämpfer in der Corrida
Mistral (prov./franz.)	Nordsturm bei wolkenlosem Himmel
Pastis (Markenzeichen)	Mit Wasser verdünntes alkoholisches Anisgetränk, Apéritif
Razeteur (franz.)	Stierkämpfer im provenzalischen Stierkampf
Roubino, Roubine (prov.)	Kanal mit oder ohne meist stehendem Wasser
Saladelo, Saladelle (prov.)	"Gespensterkraut" der Camargue
Salicornes (prov.)	Typische Salzpflanze der Camargue (Familie der Chenopodiaceen)
Sansouiro (prov.)	Salzsteppe

Seden (prov.)	Seil (Lasso) aus Pferdehaar
Simbèu (prov.)	Stier oder Ochse, Wegweiser der Herde bei Weidenwechsel
Torero (span.)	Stierkämpfer in der spanischen Corrida
Toril (span.)	Stierstall in der Arena
Toro (span.), Tau (prov.)	Taureau (franz.) – Stier, meist Kampfstier
Trident (franz.)	Hüterstock mit schmiedeiserner Dreizack-Spitze

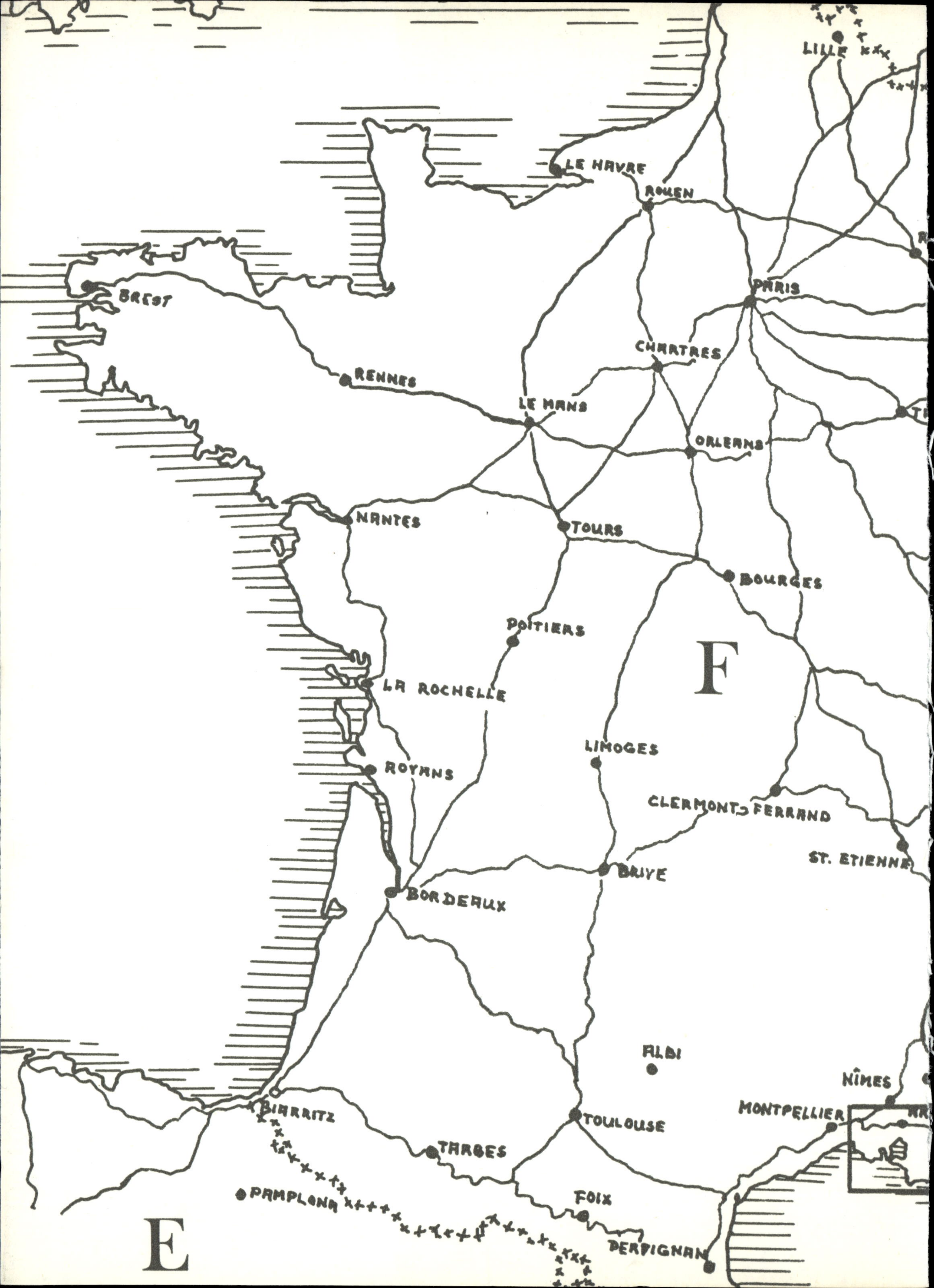
LILLE
LE HAVRE
ROUEN
BREST
PARIS
CHARTRES
RENNES
LE MANS
ORLEANS
NANTES
TOURS
BOURGES
POITIERS
F
LA ROCHELLE
LIMOGES
ROYANS
CLERMONT FERRAND
ST. ETIENNE
BRIVE
BORDEAUX
ALBI
NîMES
BIARRITZ
MONTPELLIER
TOULOUSE
TARBES
PAMPLONA
FOIX
PERPIGNAN
E